MEMÓRIAS DO ABADE
DE CHOISY
VESTIDO DE MULHER

MEMÓRIAS DO ABADE DE CHOISY VESTIDO DE MULHER

Tradução e posfácio
LEONARDO FRÓES

Copyright tradução e posfácio © 2009 by Leonardo Fróes

Direitos desta edição reservados à
EDITORA ROCCO LTDA.
Av. Presidente Wilson, 231 – 8º andar
20030-021 – Rio de Janeiro – RJ
Tel.: (21) 3525-2000 – Fax: (21) 3525-2001
rocco@rocco.com.br
www.rocco.com.br

Printed in Brazil/Impresso no Brasil

CIP-Brasil. Catalogação-na-fonte.
Sindicato Nacional dos Editores de Livros, RJ.

C473m Choisy, Abbé de, 1644-1724
Memórias do Abade de Choisy vestido de mulher
/ tradução e posfácio de Leonardo Fróes. – Rio de Janeiro:
Rocco, 2009.

Conteúdo parcial: O abade que aprendeu português para falar
no Sião / Leonardo Fróes

ISBN 978-85-352-2402-7

1. Choisy, Abbé de, 1644-1724. 2. Travestis – França –
Biografia. I. Fróes, Leonardo, 1944-. II. Título.

09-0025
CDD-920.930676
CDU-929:-055.3

SUMÁRIO

I
Primeiras aventuras do abade de Choisy
com o nome de madame de Sancy | 07

II
Os amores de monsieur de Maulny.
Rompimento. Mademoiselle Dany | 36

III
As aventuras do abade com as jovens atrizes
Montfleury e Mondory | 53

IV
A condessa des Barres | 57

Posfácio do tradutor:
O abade que aprendeu português
para falar no Sião | 115

I
Primeiras aventuras do abade de Choisy com o nome de madame de Sancy

Ordena-me a senhora, madame[1], que eu escreva a história da minha vida; na verdade, nem sequer a imagina. Aí certamente não verá cidades conquistadas nem batalhas vencidas; a política não brilhará aí mais que a guerra. Frivolidades, pequenos prazeres, criancices, não espere outra coisa; um natural afortunado, doces inclinações, nada de negror no espírito, alegria em toda parte, vontade de agradar, paixões intensas, defeitos de um homem, virtudes do belo sexo, a senhora há de envergonhar-se ao ler, e eu, ao escrever, o que será então de mim? Em vão procurarei desculpas na má educação, não serei desculpado. Eis aqui pois muitas palavras inúteis; a senhora ordena: eu obedeço; permita-me contudo, madame, obedecer-lhe apenas em parte; escreverei algum ato da minha comédia, que não terá nenhuma ligação com o

---

[1] Ao que parece, a marquesa de Lambert (Anne Thérèse de Marguenat de Courcelles, 1647-1733), velha amiga do abade, que assiduamente frequentou o salão literário que ela mantinha em Paris. (N. do T.)

restante; por exemplo, toma-me a vontade de lhe narrar as grandes e memoráveis aventuras do *faubourg* Saint-Marceau.

Um hábito de infância é uma coisa estranha, é impossível livrar-se dele: minha mãe, quase ao nascer, acostumou-me às roupas de mulher; delas continuei a me servir na juventude; durante cinco meses representei uma comédia, fazendo papel de moça, no teatro de uma grande cidade; todo mundo se iludia; e eu tinha admiradores aos quais concedia alguns pequenos favores, sendo assaz reservado quanto aos grandes; falava-se da minha prudência. Eu desfrutava do maior dos prazeres de que se pode desfrutar nesta vida.

O jogo, que sempre me perseguiu, curou-me dessas frivolidades por vários anos; mas todas as vezes que me arruinei e quis deixar o jogo, recaí nas minhas velhas fraquezas e voltei a ser mulher.

Com esse objetivo, comprei uma casa no *faubourg* Saint-Marceau, zona de povo e burguesia, para aí poder vestir-me a meu bel-prazer, entre pessoas que não viveriam falando do que eu viesse a fazer. Comecei por mandar furar de novo as orelhas, porque os furos antigos já estavam tapados; usei espartilhos bordados e vestidos em tecido ouro e negro, com guarnições de cetim branco, cintura alta na frente e um laçarote por trás para marcar o talhe, cauda longa de arrastar, brincos, peruca por demais empoada, pintas no rosto e touca com lacinho de fita.

No começo eu usava apenas um mantô de lã preto, fechado na frente por uma carreira de botões pretos que ia até embaixo, e uma cauda de quase um metro, que um lacaio me levava, peruca curta pouco empoada, brincos muito simples e duas grandes pintas de veludo nas têmporas. Fui estar com o senhor padre de Saint-Médard, que deveras elogiou minha roupa e a declarou mais elegante que a desses abadezinhos de gibões muito justos e mantôs pequeninos que não impunham respeito; o hábito de muitos padres de Paris é mais ou menos assim. Em seguida estive com os fabriqueiros da igreja, que me alugaram um lugar bem diante do púlpito do pregador, e depois fui em visita às pessoas do bairro, a marquesa de Usson, a marquesa de Menières e todas as minhas outras vizinhas; nunca eu vesti durante um mês outra roupa, e nunca deixei de um só domingo ir à missa solene e ao sermão do padre, o que lhe deu grande prazer. Com o senhor pároco, ou com padre Garnier, escolhido por mim como confessor, uma vez por semana eu ia visitar os pobres envergonhados[2] e lhes fazer caridades. Ao fim de um mês, abri porém uns três ou quatro botões do alto do mantô, para deixar entrever um corpete cintilante, em tecido prateado, que eu usava por baixo; pus brincos de diamantes, que havia comprado, cinco ou seis meses antes, no joalheiro Lambert; minha peruca tornou-se um pou-

---

[2] Os que não mendigavam. (N. do T.)

co mais longa, mais empoada, e armada para dar a ver em plenitude os brincos, e pus três ou quatro pintas discretas perto da boca ou na testa. Continuei ainda um mês sem me arrumar de outro modo, para que todos se acostumassem insensivelmente comigo e acreditassem me ter visto sempre assim, o que não deixou de ocorrer.

Quando vi que o meu plano dava certo, logo abri cinco ou seis botões na parte inferior do mantô, deixando à mostra um vestido de cetim preto salpicado, cuja cauda não era tão longa quanto a do mantô; usava também por baixo uma anágua de damasco branco, que só se via quando alguém me levava a cauda. Calções eu não mais usava; parecia-me já estar parecendo bem mulher, e sentir frio eu não temia: estávamos no verão. Usava um lenço de musselina ao pescoço, cujas borlas caíam sobre um grande laço de fita preta amarrado no alto do corpete, mas que não impedia que me vissem os ombros, os quais se conservavam muito brancos, pelo grande cuidado que em toda a minha vida sempre tive com eles; todas as noites eu lavava o pescoço e os ombros com caldo de vitela, e aí passava pomada de patas de carneiro, o que deixava a pele branca e suave.

Assim, pouco a pouco, acostumei as pessoas a me ver aprontado. Estava dando um jantar para madame d'Usson e cinco ou seis de minhas vizinhas, quando o senhor padre me veio ver às sete horas da noite; convidamo-lo para jantar conosco; ele, que é bom homem, ficou.

– De hoje em diante, disse-me madame d'Usson, passo a chamá-la de madame. Virando-me diante do padre, me virando e revirando, ela perguntou:

– Não é uma bela senhora?

– É verdade, disse ele; mas está mascarada.

– Não, meu senhor, disse-lhe eu, não; no futuro, nunca me vestirei de outro modo; uso somente vestidos pretos forrados de branco, ou vestidos brancos forrados de preto; nada me podem reprovar. Estas senhoras me admiram nestes trajes e, como o senhor vê, garantem que não me assentam mal; aliás devo dizer-lhe que há dois dias, jantando eu em casa de madame de Noailles, seu cunhado lá chegou em visita e me elogiou pelos trajes, e todos os presentes, diante dele, me trataram de *madame*.

– Ah! disse o padre, a uma tal autoridade me rendo, e confesso, madame, que a senhora está muito bem.

Vieram dizer que o jantar estava servido; ficamos à mesa até as onze horas, e os meus criados acompanharam o padre.

Desde essa época eu ia vê-lo e não mais me importei de ir por toda parte vestido de mulher, e todo mundo se acostumou com isso.

Tentei saber de onde me vem esse prazer tão bizarro, e aqui está: ser amado, adorado, é próprio de Deus; o homem, tanto quanto sua fraqueza lhe permite, ambiciona a mesma coisa; ora, como é a beleza que faz nascer o amor, e como geralmente ela é o quinhão das mulheres, quando acontece de homens terem, ou acreditar que tenham, alguns traços de beleza que podem fazer amá-los, tratam eles de aumentá-los pelos adornos femininos, que são muito vantajosos. E é então que sentem o inexprimível prazer de ser amado. Mais de uma vez eu senti isso que digo como experiência agradável e, se acaso me encontrava em comédias ou bailes, com vestidos vistosos, diamantes e pintas pelo rosto, e se ouvia dizer perto de mim em voz baixa: "Que mulher mais bonita!", experimentava em mim mesmo um prazer que não se compara a nada, de tão grande que é. Nem a ambição nem as riquezas, nem o próprio amor a ele se igualam, porque sempre nós nos amamos mais do que aos outros.

De tempos em tempos, e com não pouca frequência, dava um jantar para as vizinhas; dar festas não me incomodava nunca; geralmente era aos domingos e feriados; os burgueses estão mais arrumados nesses dias, e só querem se divertir.

Num dia em que convidei madame Dupuis e as duas filhas, monsieur Renard, sua esposa, sua neta, que se chamava mademoiselle Charlotte, e o neto, que se chamava monsieur de La Neuville, eram seis horas da tarde e estávamos na minha biblioteca, que estava toda iluminada; um lustre de cristal, vários espelhos, mesas de mármore, quadros, porcelanas: o lugar era magnífico. Eu me arrumara muito nesse dia; estava com um vestido de damasco branco, forrado de tafetá preto, cuja cauda se arrastava por quase um metro; um corpete cintilante, que se via inteiramente, um grande laço de fita preta no alto do corpete, sobre o qual pendia um lenço de musselina com borlas, uma saia de veludo preto, cuja cauda não era tão longa quanto a do vestido, duas anáguas brancas por baixo, que não se viam – eram para não sentir frio, pois desde que usava saias, eu não usava mais calções, e me acreditava realmente mulher. Nesse dia estava usando meus belos brincos de diamantes, peruca muito empoada e doze ou quinze pintas artificiais. O padre apareceu em visita; todo mundo adorou vê-lo: ele é muito estimado na paróquia.

– Ah! madame, disse-me ao entrar, como está enfeitada! Vai a algum baile?

– Não, senhor, disse-lhe eu, é que recebo em jantar as minhas belas vizinhas, às quais bem quero agradar.

Sentamo-nos, disseram-se as novidades (que o padre adora). Sempre se encontravam na minha mesa as *Gazettes*, os *Journaux des Savants*, os *Trévoux* e o *Mercure Galant*, e cada um pegava o que queria. Pedi que ele lesse uma historinha que estava no *Mercure* do mês passado, falando de um homem bem-nascido que quer ser mulher por ser belo, a quem davam o prazer de tratar por madame, que usava belos vestidos de ouro, saias, brincos nas orelhas, pintas artificiais, que tinha admiradores.

– Vejo, disse-lhes eu, que se parece comigo, mas não sei se devo me aborrecer.

– Ah, madame, disse mademoiselle Dupuis, por que se aborrecer? Não é tudo verdade? De resto, ele fala mal da senhora? Pelo contrário, diz, isto sim, que é bela. Eu gostaria é que tivesse dito o seu nome, com toda a franqueza, para que todos falassem ainda mais da senhora; penso até ir procurá-lo para lhe dar tal conselho.

– Não me faça nada disso, disse-lhe eu; entre vocês quero ser bela, quero mesmo, mas não vou à cidade, assim como estou, senão o mínimo possível; o mundo é muito malvado, e é coisa tão rara, ver um homem desejar ser mulher, que a pessoa com frequência se expõe a maus gracejos.

– Mas o que diz, madame? interrompeu o senhor padre; a senhora já encontrou alguém que tenha condenado sua conduta a esse respeito?

– Ah, sim, padre, já encontrei; tive um tio conselheiro de Estado, chamado M★★★, que, sabendo que eu me vestia de mulher, veio me ver certa manhã, a fim de repreender-me; eu estava me arrumando, tinha acabado de pôr a blusa; levantei-me. "Não, disse ele, sente-se e vista-se." E logo sentou-se à minha frente. "Como é ordem sua, querido tio, obedeço, disse-lhe eu. São onze horas e tenho de ir à missa." Puseram-me um corpete que amarrava por trás e, depois, um vestido de veludo preto cinzelado, uma saia igual, por cima de uma anágua comum, um lenço de musselina ao pescoço e uma estola em ouro e negro; até então eu ainda estava de touca de dormir; mas pus uma peruca toda frisada e empoada. O pobre homem não dizia palavra. "Já está quase acabando, querido tio, disse-lhe eu; só falta agora pôr os brincos nas orelhas e umas cinco ou seis pintas", o que fiz no mesmo instante. "Pelo que vejo, disse-me ele, é de minha sobrinha que lhe devo tratar. Na verdade, você até que é bem bonita." Pulei no pescoço dele, beijei-o duas ou três vezes; ele, sem me fazer mais reprimendas, fez-me entrar na sua carruagem, levou-me à missa e depois para almoçar com ele.

A historieta causou prazer na reunião. O senhor padre ameaçou sair, porém ficou. Jantamos bem, com alegria e inocência, e ao final tomamos um vinho quente com açúcar; eu havia pedido a mademoiselle Dupuis, em voz baixa, que propusesse a todos uma ida ao chalezinho do jardim, e disse como isso me deixaria contente. Monsieur de La Neuville me deu a mão para me levar até lá; eu chamei um lacaio para levar minhas caudas.

– Não, não, disse mademoiselle Dupuis, deixe que eu levo; as damas de honra levam as caudas das princesas.

– Mas, disse-lhe eu, não sou princesa!

– Há de o ser nesta noite, madame, e eu, dama de honra.

– Só por esta noite o seria? disse sorrindo monsieur de La Neuville.

Eu, tendo também sorrido, gravemente lhe disse:

– Uma vez que sou princesa, faço-lhe uma das minhas damas de honra; leve-me a cauda.

Nós entramos no chalé, que mal deu para todos, de tão pequeno que era. Sentamo-nos em roda, nos canapés, e eu, para alegrar minhas amigas, disse-lhes que lhes permitiria vir saudar-me e beijar-me; todo mundo se pôs em marcha, e como o senhor padre, por recato, em sua vez não o fizesse, levantei-me do trono e fui beijá-lo com ardorosa afeição. Tinha eu portanto um lugar na igreja, bem diante do púlpito; os fabriqueiros sempre me traziam uma vela acesa para ir à procissão, e eu os seguia imediatamente; um lacaio me levava a cauda, e no dia do Santo Sacramento, quando a procissão deu uma grande volta, indo até os Gobelins, monsieur de La Neuville me levou pela mão e me serviu de escudeiro. Ao cabo de cinco a seis meses, era a mim que já cabia a tarefa de repartir o pão bento; fiz tudo magnificamente, mas não quis cornetas. Os fabriqueiros me disseram que era mister uma mulher apresentar o pão bento e recolher donativos, e que seria uma satisfação para eles, se eu lhes desse a honra de aceitar o encargo. Eu não sabia o que tinha de fazer; a marquesa d'Usson me orientou, disse-me que ela mesma já havia esmolado e que seria um prazer para a paróquia, se eu também o fizesse. Sem mais querer ser rogado, preparei-me como se para uma festa que deveria mostrar-me em espetáculo a uma multidão. Mandei fazer um vestido de damasco branco da China, forrado de tafetá preto: eu tinha uma série de fitas pretas, fitas nas mangas e, por trás, um grande tufo de fitas pretas para marcar o talhe. Achei que para aquela ocasião era preciso uma saia de veludo preto; estávamos no mês de outubro, e o veludo estaria de acordo.

Desde então eu sempre usei duas saias, e mandei suspender os meus mantôs com grandes laços de fitas. Meu penteado era de todo galante; uma touquinha de tafetá preto, repleta de fitas, estava amarrada na peruca por demais empoada; madame de Noailles me havia emprestado seus grandes brincos de brilhantes e eu, no lado esquerdo dos cabelos, usava cinco ou seis alfinetes com diamantes e rubis; e três ou quatro pintas grandes, além de mais uma dúzia das pequenas. Sempre adorei as pintas artificiais, nada a meu ver assenta tão bem. Uma estola rendada de Malines, que eu também usava, fingia ocultar em parte o pescoço; em suma, eu estava bem enfeitada; apresentei o pão bento e fui à oferenda com bastante elegância, pelo que me disseram, e depois esmolei. Sem querer me elogiar, nunca se angariou tanto dinheiro em Saint-Médard. Esmolei pela manhã, na missa solene, e depois, ao cair da tarde, em vésperas e na salvação; contava com um escudeiro, que era monsieur de La Neuville, com uma camareira, que me seguia, e com três lacaios, um dos quais levando a cauda.

Como zombassem de mim, dizendo-me ter sido um pouco coquete, ao passar pelas cadeiras de vez em quando eu parava, enquanto o bedel mandava abrir-me caminho, e me divertia a mirar-me para ajeitar qualquer detalhe nos brincos ou no meu lenço rendado, mas foi só na salvação, já de noite, que fiz isso, e poucos notaram. Um dia fatigante, mas tive tanto prazer em me ver aplaudido por tanta gente, que não me senti exausto senão quando fui deitar-me.

Quase esquecia de dizer que arrecadei duzentas e setenta e duas libras. Havia lá três rapazes, muito bem-apessoados, que eu não conhecia, que me deram, cada qual, um luís de ouro; achei que eram estrangeiros; é certo que muitas pessoas de outras paróquias compareceram por saber que eu deveria esmolar, e confesso que à noite, na salvação, tive um grande prazer. Sendo noite, fala-se com mais liberdade; por duas ou três vezes, em diferentes lugares da igreja, ouvi pessoas que diziam:

– Verdade mesmo que ela é homem? Bem, não lhe faltam razões para querer passar por mulher.

Virei-me para elas e fingi estar pedindo alguma coisa a alguém, para dar-lhes o prazer de me ver. Pode-se supor que estranhamente isso me confirmou no desejo de ser tratado como mulher. Tais elogios me pareciam verdades que jamais eram mendigadas: aquelas pessoas nunca tinham me visto, nem sonhavam em me causar prazer.

A vida que eu levava, na minha pequena residência do *faubourg* Saint-Marceau, era muito agradável. Meus negócios se achavam em dia, meu irmão acabara de morrer e me deixava, pagas todas as dívidas, quase cinquenta mil escudos; além de belos móveis, contava eu com uma baixela de prata, um pouco de prata dourada, brincos de brilhantes, dois anéis que valiam bem quatro mil francos, uma fivela de cinto e braceletes de pérolas e de rubis.

Minha casa era muito confortável; eu tinha uma carruagem para quatro pessoas e outra para duas, quatro cavalos de tração, um cocheiro e um postilhão que servia de porteiro, um capelão, um criado de quarto cuja irmã fazia as minhas despesas e estava incumbida de me vestir, três lacaios, o cozinheiro, a lavadeira de louça e um faxineiro que limpava os aposentos.

Frequentemente eu dava um jantar para as vizinhas, e às vezes para o pároco e o padre Garnier, e sem pretender fazer banquete fazia uma boa mesa; de quando em quando, para um concerto, mandava minha carruagem ir buscar Descoteaux, meu velho amigo; durante a noite eu improvisava uns sorteios de bugigangas: havia nisso um quê de magnificência; levava as minhas vizinhas ao teatro e à ópera; em minha casa sempre havia café, chá e chocolate; todos os dias, por ordem minha, meu capelão dizia missa, na apresentação, ao meio-dia e meia; as preguiçosas do bairro não deixavam de vir, e eu, como me deitasse tarde, às vezes tinham de me acordar e dizer que já era hora da missa; rapidamente eu punha um robe e uma saia, e um chapéu de tafetá para esconder a touca de dormir, e corria para a missa, que não gostava de perder. Enfim, parecia-me que todo mundo estava satisfeito comigo, quando o amor veio atrapalhar essa felicidade.

Duas senhoritas, vizinhas minhas, me testemunhavam muita amizade e, sem fazer cerimônia, me beijavam; queriam ambas o mesmo, que era enfeitar-me; quando vinham jantar comigo, coisa aliás das mais frequentes, elas sempre chegavam cedo e não pensavam senão em cuidar da minha aparência; se uma dava um jeito na touca, a outra arrumava os brincos; cada qual pedia para si, como um grande favor, a intendência das pintas, que nunca estavam colocadas a gosto; elas, ao mudá-las de lugar, beijavam-me no rosto e na testa; um dia passaram dos limites: beijaram-me na boca de uma maneira tão impetuosa que abri os olhos e vi que aquilo não partia somente de uma boa amizade; à que mais me agradava (era mademoiselle Charlotte) disse então bem baixinho:

– Seria eu feliz bastante para merecer seu amor?

– Ah! madame, respondeu ela me apertando a mão, quem pode vê-la sem a amar?

Logo estabelecemos nossas condições: prometemo-nos o segredo e uma fidelidade invioláveis.

– Não me proibi nada, disse-me ela um dia, como teria feito contra um homem: vendo eu tão-só uma bela dama, por que me proibiria amá-la? Quantas vantagens lhe dão as roupas de mulher! Aí estão o coração do homem, que tanto nos impressiona, e por outro lado os encantos do belo sexo, que nos enlevam num rapto e impedem de tomar precauções.

À ternura dela, com a mesma intensidade, eu respondia com a minha; contudo, se bem que a amasse muito, amava ainda mais a mim mesmo, e não pensava senão em agradar ao gênero humano.

Todos os dias nos escrevíamos, mademoiselle Charlotte e eu, e a todo instante nos víamos: a janela do quarto dela ficava bem em frente da minha e, entre as duas, só a ruela de Sainte-Geneviève. Suas cartas eram escritas com encantadora simplicidade; devolvi-lhe mais de cem, como contarei adiante; restam-me, por acaso, apenas duas.

PRIMEIRA CARTA

Como a senhora foi gentil ontem à noite, madame! Tive imenso prazer, e cem vezes tive vontade de ir beijá-la diante de todo mundo. Dir-se-ia que a amo, não é? Não pretendo ocultá-lo e, se a senhora não falar disso, falarei eu. Disse-me o meu avô em voz baixa: "Acho que madame de Sancy gosta de você, minha filha, e você será bem feliz". Não me pude conter, madame, e lhe disse: "Nós nos amamos de todo o coração, vovô, mas madame não quer que os outros saibam". Adeus, minha madrasta vem chegando.

(Essa madrasta a atormentava.)

SEGUNDA CARTA

Na verdade, meu senhor, estou desesperada; para mim teria sido melhor nem mesmo o haver conhecido, o que pouco me custaria, diante do sofrimento que me causa. Acho que descobriram alguma coisa da nossa amizadezinha; e a culpa é sua, toda sua: por que me falava tanto no ouvido, sussurrando? Há muito tempo me espionam. Não sei se é porque me viram indo ao chalezinho, mas me fizeram reprimendas que não me agradam. Quando o senhor aparecer por aqui, converse comigo o tempo todo; não deixe transparecer nada, para que eles achem que se enganaram. O Espírito Santo me inspirou a não ir à sua casa. Estive na de mademoiselle Dupuis, onde foram me apanhar; depois fui à minha tia, onde me buscaram também; não tente me jogar nada pela janela, nem pense nisso. Na verdade, meu senhor, eu, por lhe ter amor, sou uma infeliz. É com todos os pesares do mundo que lhe escrevo esta carta: não posso ficar nem um momento em meu quarto sem que venham ver o que estou fazendo. Não me espere mais no pavilhão. Eu, por mim, não sei se desconfiam de que me passa cartas; quando me der alguma, faça-o com todo o cuidado, que ninguém perceba nada. Confesso-lhe que estou sofrendo muito; sendo por pouco tempo, bem que eu iria passar três meses num convento. Que lhe parece? Ah, e nunca me pergunte: não tem nada a me dar? Se estiver com alguma carta, dar-lha-ei quando encontrar ocasião favorável.

Nessa época, houve um casamento em casa de uma pessoa muito distinta que era minha parente e boa amiga; tendo almoçado lá, resolvi lá voltar, após o jantar, de máscara; haveria violões. Eu, tão logo em minha casa, propus às minhas belas vizinhas que viessem cear comigo e se mascarassem também. Para quem é jovem, ideia ótima. Fiz mademoiselle Charlotte vestir-se de garoto, alugando para ela um traje completo, muito fino, com uma bela peruca; era um cavalheiro bem atraente. Lá, onde antes o meu vestido tinha sido tão visto, mal entrei me reconheceram; assim, obrigaram-me a tirar a máscara e a colocar-me na fileira das mulheres do baile; o resto do grupo continuou mascarado. Charlotte me tirou para dançar, e todos ficaram muito contentes com o minueto que nós dançamos juntos; a agitação não me fez mal e voltei para o meu lugar com um rubor que antes de dançar eu não tinha. A dona da casa, que não é dada a lisonjas, veio beijar-me e em voz baixa me disse:

— Devo reconhecer, querida prima, que a sua roupa lhe assenta muito bem; nesta noite de hoje, você está linda como um anjo.

Mudei de assunto e chamei Charlotte, que deixou ver, erguendo a máscara, um rostinho sedutor.

— Eis aqui, madame, disse-lhe eu, meu namoradinho; não é mesmo uma beleza?

Bem se via que era uma menina, e ela, recolocando a máscara, me deu a mão para andarmos. Charlotte me serviu de escudeiro durante todo o sarau, e pudemos nos amar mais à vontade; ela, quando disso se advertiu, gentilmente me disse:

— Percebo, madame, que a senhora me prefere se estou neste gibão justo; que pena não me ser permitido usá-lo sempre!

Logo no dia seguinte comprei o traje que antes havia alugado para ela e parecia sob medida; mandei guardá-lo num armário com a peruca, as luvas, a gravata e o chapéu e, quando as vizinhas vieram visitar-me, sem mais nem menos esse armário foi aberto e elas viram o traje; pularam logo em cima dele, e era o que eu bem queria: vestiram-no na minha mocinha, que assim voltou a ser belo rapaz.

Terminada a visita, ela quis trocar de roupa; eu, que nunca o quis consentir, disse que o traje lhe dava de presente, que eu mesmo nunca o usaria e que dela só pedia uma coisa em pagamento: que o pusesse todas as vezes que as vizinhas dessem-me a honra de vir jantar comigo.

A tia de Charlotte, pois ela não tinha mais pai nem mãe, custou um pouco a concordar, mas depois se rendeu, garantindo-lhe as outras que, quando eu bem quisesse, todas fariam semelhante trato. Tive assim o prazer de a ter frequentemente rapaz e, como eu era mulher, havia ali a garantia de um casamento perfeito.

O chalezinho de que eu dispunha nos fundos do jardim tinha uma porta por trás, pela qual ela vinha estar comigo sempre que lhe fosse possível, e havia entre nós sinais para nos entendermos. Mal ela entrava no chalé, punha-lhe eu uma peruca, a fim de a imaginar como rapaz; por sua vez, ela nem precisava grande esforço para imaginar-me mulher; e assim, todas duas bem contentes, tínhamos imenso prazer.

Eu tinha, nesse meu chalé, muitos e bonitos retratos; propus às minhas duas jovens vizinhas mandar pintá-las, com a condição de Charlotte ser pintada como cavalheiro. A tia, que morria de vontade de ter um retrato dela, concordou; ao mesmo tempo, meu desejo era mandar me pintar como mulher, para combinar lado a lado com a minha amiguinha; vaidade não tive: ela era muito mais bonita do que eu. Mandei vir monsieur de Troyes, que nos pintou no meu chalé; aquilo durou um mês e, quando os retratos ficaram prontos, e em belas molduras, penduramos os dois juntos, lá no próprio chalé, onde todos diziam: "É um lindo casal; convém casá-los, porque se amariam muito". Meus vizinhos e vizinhas riam dizendo isso, sem saber quão bem diziam; nem em mil anos as mães desconfiariam de mim, e creio até – Deus me perdoe! – que sem nenhum escrúpulo me teriam deixado dormir com as suas filhas; nós trocávamos beijos a todo instante, e nisso elas não viam nada de mau.

Essa vida tão tranquila foi perturbada pelo ciúme. Mademoiselle ★★★ – que também me amava – logo se deu conta de não ser amada por mim, que não tinha a menor pressa em mandar pintá-la; de olho na companheira, ela a viu entrar no meu chalé pela portinha de trás. Correu para contar para a tia, que a princípio quis ralhar com a sobrinha, mas a coitada falou com uma tal simplicidade que ela perdeu a coragem.

— Minha querida tia, disse-lhe ela abraçando-a, é verdade sim, madame me ama; já me deu uma porção de lembrancinhas e pode me garantir a fortuna; como a senhora bem sabe, tia, não somos ricas; ela me pede para estar com ela, sozinha, no seu chalé; fui até lá cinco ou seis vezes, mas em que pensa que nós passamos o tempo? Vestindo madame, que sairia para alguma visita, penteando-a, pondo-lhe os brincos nas orelhas e as pintas, falando de sua própria beleza. Eu lhe garanto, titia, que ela só pensa nisso; sem cessar digo esta frase: "Puxa, madame, como está bonita hoje", e de repente, ao me ouvir, ela me dá um beijo e me diz: "Querida Charlotte, se você pudesse estar sempre vestida de rapaz, eu lhe amaria ainda mais, e nós nos casaríamos; temos de encontrar um meio de dormir juntas, sem que Deus se ofenda com isso. Minha família jamais consentiria, mas podemos fazer um casamento secreto. Se a tia quiser vir morar comigo, cedo-lhe um apartamento na casa e um lugar à mesa; mas quero você sempre vestida de rapaz; um dos meus lacaios vai lhe servir". Eis aí, querida tia, do que falávamos; e, veja bem a senhora, nós duas não seríamos mais felizes, se isso acontecesse mesmo?

A tia se acalmou, a essas palavras serenas, e a minha amiguinha, para melhor desempenhar seu papel, levou-a a conhecer o chalé.

A primeira vez que ela aí foi, cumulei-a de atenções e lhe propus fazer com a sobrinha uma união bem simples e inocente. Ela me disse que faria o que eu quisesse. Mandei pois preparar tudo para uma festa na quinta-feira antes do carnaval. Convidei toda a família de Charlotte: seus dois primos, ambos curtidores de couro, com as respectivas esposas e três dos filhos; toda essa gente veio jantar na minha casa. Adornei-me com minhas pedrarias e usei um vestido novo; tinha mandado fazer um traje novo também para a menina, que passei a chamar de monsieur de Maulny, do nome de uma propriedade de duas mil libras de renda que eu pretendia dar para ela.

Fizemos a cerimônia antes da ceia, a fim de nos divertirmos mais por toda a noite; eu usava um vestido cintilante, em tecido prateado, e um buquezinho de flores de laranjeira, meu buquê de noiva, no alto da cabeça; diante da família reunida, disse em voz alta que aceitava por marido monsieur de Maulny ali presente, dizendo ele que aceitava madame de Sancy por esposa; nossas mãos se entrelaçaram, ele me pôs no dedo um anelzinho de prata, nós nos beijamos; e fui logo falar com os novos primos, os curtidores e suas curtidoras, que me julgavam a lhes fazer grande honra.

Em seguida comemos muito bem, passeamos pelo jardim e houve canções para dançar. Dei pequenos presentes para todos, caixinhas de rapé, gravatas bordadas, toucas, luvas, lenços rendados; à tia dei um anel de cinquenta luíses e, quando os espíritos já estavam serenados, meu criado de quarto, adrede instruído, veio dizer-nos que era quase meia-noite; estava na hora, disseram todos, de levar os casados para a cama; no quarto muito iluminado, o leito nupcial ficava perto, e lá fui eu me arrumar; cobriram-me de uma rede e uma touca, ambas lindas por sinal, e de um monte de fitas na cabeça, e assim pronta para a noite me puseram na cama.

Monsieur de Maulny, a meu pedido, tinha cortado o cabelo como homem, de modo que, depois de eu já estar deitada, ele apareceu em *robe de chambre*, com sua touca de dormir na mão e o cabelo amarrado para trás com uma fita cor de fogo; fez certa cerimônia para deitar-se, mas logo veio pôr-se ao meu lado.

Todos os parentes vieram se despedir de nós, a boa tia fechou depois a cortina e foram todos para casa. Só então nos abandonamos à alegria, sem sair dos limites da decência; o que é difícil de crer, embora seja verdade.

No dia seguinte ao da nossa união ou pretenso casamento, mandei anunciar, por um letreiro à minha porta, cômodos para alugar no andar de cima; quem os alugou foi a tia, que aí veio morar com Charlotte, que só andava vestida de homem pela casa, porque isso me causava prazer; os criados não ousavam tratá-la senão de monsieur de Maulny.

Às vezes, pela manhã, eu mandava chamar mascates para mostrar-me tecidos, a fim de que me vissem na cama com meu querido marido; diante deles, traziam-nos um pouco de pão, por desjejum, e nós nos dávamos uma pequena mostra de amizade; depois monsieur apanhava o *robe de chambre* e ia vestir-se nos seus aposentos, enquanto eu continuava a escolher meus panos com os mascates. Alguns desses, às vezes, eram rapazes espirituosos que me falavam da boa aparência e dos encantos de monsieur de Maulny, quando ele já havia saído.

– Não é felicidade minha, dizia-lhes eu, ter um marido assim tão bonito e carinhoso? Ele nunca me contradiz em nada, e é por isso que o amo de todo o coração.

– Madame, replicavam-me, a senhora não merece menos. Uma bela dama requer belo cavalheiro.

Em nossa casa, diga-se, reinava a ordem; excetuada essa pequena fraqueza, a fraqueza que eu tinha de querer passar por mulher, nada podiam me reprovar.

Todos os dias eu ia à missa, a pé, num dos pequenos conventos perto da minha casa; um lacaio me levava as caudas e, os outros, um tamborete de veludo para eu me ajoelhar e a sacolinha com o livro de orações.

Uma vez por semana, com o senhor pároco ou com o padre Garnier, eu ia visitar os pobres envergonhados e lhes fazer caridades; isso me deu a conhecer em toda a paróquia, e eu ouvia mulheres, umas carregando água, outras vendedoras de frutas, que diziam bem alto, quando nós passávamos:

– Lá vai uma boa dama; que Deus a abençoe!

– Por que será, disse um dia uma delas, que, quando são tão belas, não gostam senão de si, e jamais gostam de pobres?

De outra feita, uma vendedora de maçãs, a quem comprei todo o tabuleiro para dá-lo a uma família de pobres, disse-me juntando as mãos:

— Que Deus a acompanhe, minha boa senhora, e por mais cinquenta anos a guarde bonita assim!

Esses ingênuos elogios causam grande prazer, prazer ao qual, como então percebi, o senhor padre não ficava insensível.

— Como pode ver, madame, disse-me ele, com pequenos prazeres humanos Deus recompensa as boas obras; a senhora se inclina a amar sua própria pessoa, é mister que o reconheça, e, como faz boas obras, vem a ser recompensada por isso com aclamações populares; somos pois forçados a aplaudir o que, em outro, consideraríamos fraqueza.

Assim discorrendo, terminávamos as nossas breves andanças e a seguir íamos assistir à missa na paróquia, onde eu reencontrava os meus lacaios e os mandava voltar a uma dada hora para me reconduzirem à casa.

Um dia me aventurei a ir ao teatro de comédia com o meu querido Maulny e a sua tia, mas me olharam demais e falaram muito de mim; por curiosidade, umas vinte pessoas aguardavam na entrada, quando fomos tomar a carruagem. Alguns homens foram tão insolentes que chegaram a me elogiar por minha beleza, ao que não respondi senão fazendo cara de pudor e desprezo; fiquei porém longo tempo sem voltar ao teatro, para evitar escândalos.

Na ópera é diferente; lá, como os lugares custam caro e todos querem usufruir do espetáculo, não se falta com o respeito, e já lá fui umas vinte vezes sem que ninguém jamais me dissesse nada. Tomei então a decisão de sair pouco de casa, ou pelo menos de manter-me nos limites do bairro, onde eu podia fazer o que bem quisesse sem suscitar comentários.

Sofri, passeando em meu jardim, um ligeiro acidente. Na verdade uma torção violenta que me pôs de cama oito a dez dias, com mais de três semanas sem sair do quarto.

Tentei me distrair; na minha alcova suntuosa, o leito era de damasco carmesim e branco, assim como as tapeçarias, as cortinas das janelas e os reposteiros; um vão, entre as janelas, todo espelhado, outros três espelhos grandes, mais um em cima da lareira, porcelanas, moveizinhos japoneses, alguns quadros com molduras douradas, a lareira em mármore branco, um candelabro de cristal com sete ou oito placas nas quais, todas as noites, se acendiam velas; era um leito à duquesa, com cortinas presas por fitas de tafetá branco; meus lençóis eram rendados, com três travesseiros grandes, e uns três ou quatro pequenos, amarrados nos cantos com fitas cor de fogo. Geralmente eu me mantinha sentada, num espartilho de Marseille, com acabamentos em fita preta, um lenço de musselina ao pescoço e, no peito, um laçarote de fita; usava uma peruca curta e muito empoada, que deixava à mostra meus brincos de diamantes, cinco ou seis pintas e alegria sem freios, pelo fato de eu não estar doente.

Todos os dias, depois do almoço, vizinhos e vizinhas vinham me fazer companhia, ficando alguns até a noite, uns cinco ou seis, para jantar comigo; de vez em quando tínhamos música, mas jogo nunca, porque as cartas eu não aguentava mais; recebi naquele estado muitas visitas, e todos elogiavam muito meus trajes, onde nada se notava a não ser um grande recato, pois é bom lembrar que eu sempre usava apenas fitas pretas.

Desde que o meu pé ficou um pouco melhor, levantei-me para passar os dias num canapé, em robes que eram bem adequados, nunca ostensivos.

Mas não deixaram de ir contar ao cardeal que eu tinha roupas de ouro, recobertas de fitas cor de fogo, e que usava pintas artificiais e brincos de brilhantes, e que assim vestida e ornamentada eu ia à missa solene de minha paróquia, onde oferecia distrações a todos que me olhavam.

Sua eminência, que quer que tudo esteja em ordem, enviou um abade amigo meu, em quem ele tinha confiança, para vir me visitar e verificar o que havia; amistosamente ele me disse e garantiu que diria a sua eminência que a minha maneira de trajar era totalmente adequada e nada ostensiva, que a minha roupa era preta, com florezinhas de ouro que mal se viam, e forrada de cetim preto; que eu usava brincos de brilhantes muito bonitos e três ou quatro pequenas pintas; que ele me havia encontrado justamente na hora em que eu ia

para a missa e que em suma era pura maledicência o que lhe tinham contado.
Fiquei assim tranquilizado e continuei levando uma vida muito agradável. Não deixaram de fazer canções a meu respeito, e eu os deixava cantar. Tenho até vontade de reproduzir aqui umas coplas. Ei-las.

BASEADO NA ÁRIA *Seu jogo faz muito barulho*
Sancy, no *faubourg* Saint-Marceau,
Veste-se qual jovem beldade.
Mas não seria esse bibelô
Se ainda estivesse na cidade.
Gentil como é, dos mais galantes,
Logo terá os seus amantes.

O povo todo embasbacado
Por maravilha tudo aceita:
O ouro das roupas, o brocado,
As pintas e o brinco que o enfeita.
De pele e de olhos tão brilhantes,
Terá em breve os seus amantes.

Quanto prazer se tem ao vê-lo,
Da cabeça aos pés adornado,
Segurando o pequeno espelho
Em que é por si idolatrado.
Tão doce assim, e insinuante,
Logo terá algum amante.

No seu lugar se esparramando,
Como mulher recém-casada
Que tenta ver, se examinando,
Se a pinta está bem colocada,
Sempre ele agrada aos visitantes,
Terá em breve os seus amantes.

Quando o pão bento ele entregou,
Sem se preocupar com a despesa,
Nada pelo meio deixou.
Deu demonstrações de grandeza,
Deixando o padre radiante.
Ele há de ter algum amante.

Jamais paravam as pedintes
De lhe expressar os seus desejos,
Dizendo baixo e com requintes:
"Madame é a honra dos festejos".
Ele engolia esses babados,
Logo há de ter seus namorados.

Nada é capaz de recusar
A quem só de madame o trata.
Por quem se louva de o incensar
Daria e dá sua alma grata.
Ele adora dar presentinhos:
Logo terá namoradinhos!

Reúne em casa toda gente,
Seja um efebo ou uma menina.
De tudo lá tem excelente,

Boas canções, comida fina,
Luvas e caixas de rapé:
Deve haver alguém no seu pé.

E sem gastar nem um vintém
Ganha-se lá na loteria.
Tudo que faz, ele faz bem.
Quer que se cante, que se ria,
Quer nos deixar hilariantes:
Ah, ele há de ter seus amantes!

Pois não merece estar feliz,
Ele que o diz no próprio rosto,
Por fazer o que sempre quis?
Dele é a vida, dele o gosto.
Ele tem mil e um atrativos,
Deve também já ter seus divos.

Se ama demais sua beleza,
Se toma o amor por seu dever,
Ponha-se a verdade na mesa,
Amado ele merece ser.
É virtuoso, e é tão brilhante,
Terá em breve o seu amante.

Gosta dos pobres, que procura
Pelas mais sórdidas paragens,
Fazendo a alegria do cura
Que o acompanha nas viagens.
Acaricia até os infantes:
Logo terá os seus amantes.

II
Os amores de monsieur de Maulny. Rompimento. Mademoiselle Dany

Eu tinha muito prazer. Mas, para dizer a verdade, nós exageramos um pouco; éramos vistos todos os dias, monsieur de Maulny e eu, no teatro de comédia, na ópera, nos bailes, nas alamedas de passeio e até mesmo nas Tuileries, e mais de uma vez ouvi pessoas dizendo, ao nos verem passar: "A mulher é interessante, mas o marido é muito mais bonito". Isso não me aborrecia.

Lá encontrei um dia monsieur de Caumartin, que é meu sobrinho; ele caminhou um bom tempo ao nosso lado, mas no dia seguinte foi me ver e asseverou com muita ênfase que eu me dava demais em espetáculo. Não teve outra resposta a não ser dizer-me eu agradecido.

O senhor padre, com quem por certo os meus parentes falaram, veio depois falar comigo, e mais ouvido não foi.

Além disso me escreveram cartas anônimas, das quais também não fiz caso; eis porém uma que guardei, para mostrar como pessoas finas, ao dar conselhos, se comportam.

CARTA

Não tenho a honra de ser sua conhecida, madame, mas vejo-a frequentemente na igreja, e mesmo em casas particulares. Sei todo o bem, todas as caridades que faz em nossa paróquia, e reconheço que é uma bela senhora; não me espanta que goste das roupas de mulher, que tão bem lhe assentam; mas não posso lhe perdoar a união, ouso dizer escandalosa, que a senhora fez, diante do sol e do nosso padre, com uma senhorita das nossas vizinhanças, a quem manda se vestir de homem para aumentar ainda mais a saliência. Se pelo menos escondesse essa fraqueza, mas não; a senhora a alardeia em triunfo: é vista em sua carruagem, com o pretenso marido, nos passeios públicos, e eu não estranharia nada, se um desses dias bancasse a mulher grávida. Pense bem, minha cara senhora; caia em si; gostaria eu de crer que age inocentemente, porém julgamos pelas aparências e, quando se sabe que esse maridinho mora em sua casa e que o seu quarto contém apenas uma cama, onde os amigos, todos os dias, podem vê-los deitados juntos, como marido e mulher, seria maledicência acreditar que nada um ao outro os dois se negam? Não se encontra o que falar quanto à senhora vestir-se de mulher, já que isso não faz mal a ninguém; a que seja coquete não me oponho, mas não me venha dormir com uma pessoa com a qual não contraiu matrimônio; isso é contrário a todas as regras do decoro e, mesmo que aí não haja ofensa a Deus, sempre haverá, e muita, em relação aos homens. De resto, minha bela dama, não atribua à rabugice a advertência aqui feita, que vem da pura amizade pela sua pessoa; ninguém a pode ver sem amá-la.

Reli essa carta várias vezes, e dela tirei proveito; se todas as advertências fossem assim tão dosadas, tornar-se-iam bem mais proveitosas a quem são feitas; eu, deixando de sair durante o dia, passei a ter mais comedimento.

Continuava porém a amá-la, e nunca nos teríamos separado, sem a aventura que agora passo a narrar.

Um burguês riquíssimo, que sabia perfeitamente ser monsieur de Maulny uma menina cuja honra eu nunca atacara, porque eu só pensava em minha própria beleza, enamorou-se dela e resolveu pedi-la em casamento. Era um controlador de vendas de lenha, com mais de cem mil francos de capital, que se dispôs a tudo dar em contrato de casamento.

O senhor padre veio falar-me a respeito. A tia chorou e suplicou-me a não impedir a felicidade da sobrinha, que por sua vez vejo subitamente já vestida de moça e toda alegre, como se aquilo não lhe desagradasse.

Sem dúvida lhe disseram, tendo ela contado o que acontecia entre nós, que um marido de verdade dar-lhe-ia prazeres outros que eu não dava, já que me limitava a acariciá-la e beijá-la.

Concordei com o casamento, devolvi-lhe todas as suas cartas e dei-lhe muitos presentes; e não mais a revi depois das núpcias; eu nunca pude aguentar as mulheres casadas. Caí em grande tristeza; mas aquilo não podia durar, porque muito me inclino à alegria, e a Providência, sem tardança, mandou-me uma novidade. Passava eu por minha fornecedora de roupa-branca, madame Durier, que é perto da Doutrina Cristã, para fazer-lhe uma encomenda, quando lá vi uma garota que me pareceu bem bonita; não teria mais de quinze anos, a pele perfeita, a boca vermelha, os dentes lindos, os olhos negros e vivos. Perguntei à roupeira desde quando ela estava com a menina. Ela me disse que havia uns quinze dias apenas, que era uma órfã, e a segunda ajudante no trabalho, que por caridade acolhera.

Quatro dias depois, passei por lá e parei; disseram-me que a minha roupa ainda não estava pronta. Voltei a ver a garota e achei-a ainda mais bonita.

No domingo seguinte, vieram dizer-me às nove horas (eu acabava de acordar) que madame Durier tinha mandado a roupa por uma das ajudantes; ordenei que entrasse e reconheci a mocinha, que madame Durier percebera não me desagradar. Disse-lhe que se aproximasse da cama e pusesse à parte a encomenda, o que ela fez de bom grado; depois disse:

– Chegue mais perto, amiguinha, para eu dar-lhe um beijo.

Ela fez uma reverência profunda, aproximou-se e me estendeu seu biquinho, que beijei três ou quatro vezes.

– Se eu arranjasse um lugar para você ao meu lado, aqui na minha cama, você gostaria?

– Oh, madame, seria uma honra para mim, respondeu-me ela; a pobrezinha achava que eu era mulher.

Mandei que se fosse e no dia seguinte disse à sua patroa que pagaria pelo aprendizado dela, dando-lhe por isso quatrocentos francos. A alegria da pequena Babet nem se pode expressar.

– Mande-a para jantar comigo hoje à noite, disse eu à patroa, quero examiná-la um pouco e ver como é, antes de lhe fazer mais benefícios.

De noite, eis que vejo a patroa chegar com a minha prenda; fez como se fosse sair, porém retive-a; jantamos a três. Babet nunca tinha comido perdizes, e a patroa só de quando em quando as comia.

Após o jantar, meus criados saíram e eu disse à roupeira:

– Tenho inclinação por Babet, mas quero ver um pouco como ela é, antes de me comprometer.

Mandei-a aproximar-se de mim, olhei seus dentes, os seios que estavam despontando; os braços eram muito magros.

– Madame, me disse a roupeira, fique com Babet esta noite; ponha-a para dormir com a senhora, ela dorme comigo e é muito limpa, garanto; poderá então, examinando-a à vontade, ver como é.

Achei que era boa ideia, fiquei com Babet e mandei um lacaio ir buscar a sua touca de dormir, que era das mais simples (logo ela teve outras mais belas).

Em minha casa vivia uma velha solteirona que havia trabalhado para mamãe e a quem eu pagava uma pensão de cem escudos; mandei chamá-la:

– Querem me dar esta menina para criada de quarto, disse-lhe eu, mas antes quero saber se ela é asseada. Examine-a dos pés à cabeça, sim?

Mademoiselle não se fez de rogada. Pôs a menina toda nua, nua como a palma da mão (só estávamos nós três), e apenas lhe jogou um xale nos ombros. Nunca vi um corpo mais bonito: porte esbelto, coxas roliças, seios que se alteavam brancos como a neve; quando já estava de camisola de novo, eu lhe disse:

– Ponha-se na minha cama, minha belezinha.

Fui fazer a toalete e logo me pus deitada[3] também, morrendo de vontade de agarrar a pequena.

– Daqui a uns dois anos, madame, me disse a velha solteirona, será a mulher mais bonita de Paris.

Beijei-a três ou quatro vezes, com grande prazer, e a enfiei toda entre as pernas, acariciando-a muito: no começo ela não ousava responder às minhas carícias, mas

---

[3] Observe-se que ao falar de si, ao longo de todo o texto, o autor usa ora o feminino, ora o masculino, de modo indiscriminado; aqui, p. ex., diz-se "deitada" (*couchée*); poucas linhas adiante, dir-se-á "obrigado" (*obligé*). Mantém-se na tradução esse traço. (N. do T.)

logo se empolgou tanto que acabei sendo obrigado a lhe pedir que me deixasse dormir.

Mandei chamar madame Durier e lhe disse que ficaria com Babet como criada de quarto, mas que eu queria que ela aprendesse o ofício de roupeira e que três dias por semana iria trabalhar na sua loja, passando os outros comigo, para aprender a pentear; que a Durier lhe desse almoço, e depois, à noite, a mandasse dormir na minha casa, o que foi fielmente executado.

Mandei fazer para Babet trajes um pouco mais corretos e roupa-branca em boa quantidade. Sem demora passei a amá-la de todo o coração: acompanhava-me por toda parte, na igreja e nas visitas, e por toda parte a achavam muito bonita, com seu arzinho de finura e recato.

Aumentando a olhos vistos minha amizade por ela, não tive como me impedir de comprar-lhe trajes magníficos e a mais bonita roupa-branca de Paris; comprei-lhe também, no joalheiro Lambert, uns brincos de brilhantes que me custaram oitocentas e cinquenta libras; penteavam-na, por ordem minha, com fitas azuis e prateadas, e eu sempre lhe punha umas pequenas pintas, sete ou oito; por fim se viu que ela já era mais do que uma simples criada, a não ser que a minha se ocupasse menos de mim que de si. Perguntei-lhe seu nome de família, que era bem interessante; mandei que a chamassem de mademoiselle Dany, e desde então não se falou mais em Babet.

Quem saberia expressar a alegria dela, ao ver-se assim tão mimada! Por tudo que me devia, a todo instante me demonstrava sua gratidão. Eu a levava para o meu banco, na igreja de Saint-Médard, e era a meu lado que a fazia sentar-se, para mostrar como eu fazia caso disso; aquilo enfim foi tão longe que cheguei a preferir enfeitá-la do que enfeitar a mim mesma e, sem ela, teria negligenciado minha aparência, mas ela se preocupava comigo e estava sempre pensando em me pôr alguma coisa que me embelezasse.

Mademoiselle Dany logo me devolveu ao meu habitual bom humor, e recomecei a dar jantares para as minhas vizinhas; uma noite convidei o pároco, o padre Garnier, meu confessor, monsieur Renard e a esposa, madame Dupuis e a sua filha mais velha; a caçula, que havia tido certa inclinação por mim, acabou se casando com um rapaz que se mudou a trabalho para perto de Lille, onde ela o acompanhou.

Servido o jantar, pusemo-nos à mesa, mas monsieur Renard, não tendo visto mademoiselle Dany, perguntou-me onde ela estava: eu lhe disse que ela jantaria em seu quarto; todos pediram que eu a fizesse vir, sabendo que com isso me causavam prazer; mandada descer, em breve ela apareceu, bela como um anjinho; com uma saia e o mantô prateados, tinha a cabeça repleta de fitas cor de fogo e o peito todo a descoberto, sem colar de pérolas, para realçar o pescoço, que era lindo; eu lhe havia dito para pôr os meus belos brincos e umas quinze ou dezesseis pintas; sabia muito bem que, quando não a vissem, iriam pedir que ela viesse.

Sua beleza encantou a todos, Dany se pôs à mesa e nós jantamos; terminada a refeição, mademoiselle Dupuis tirou do bolso um punhado de confeitos, contou nos dedos que nós éramos oito e me pediu que escolhesse oito, o que fiz.

— Agora, madame, disse-me ela, a mais inocente de nós deve distribuí-los como bem quiser.

A incumbência coube a mademoiselle Dany, que nos deu um a cada um, ao acaso.

— Abram-nos, disse mademoiselle Dupuis, que cada qual contém uma sentença.

Assim fizemos; e lá encontramos: *Eu não gosto de nada; eu gosto dos bons vinhos*; a frase da menina dizia: *A quem darei meu coração?*

— Oh! ela exclamou, já está dado.

— E a quem? perguntaram.

Ela me olhou ternamente, sem responder, o que julgaram cativante; eu a chamei e beijei:

— E eu, queridinha, eu lhe dou o meu.

Monsieur Renard, que estava ao meu lado, fez lugar para ela, que pelo resto da noite não me deixou; eu a provocava para fazê-la falar:

— Dizem que é muito bonita, você concorda?

— Meu espelho me diz alguma coisa a respeito, disse ela, mas eu só poderia acreditar nisso porque a bela dama me deu seu coração.

— Você se incomodaria muito, acrescentei, se pegasse varíola?

— Seria um desespero, madame, porque a senhora deixaria de amar-me!

— E eu, querida, se eu pegasse essa doença, você me amaria ainda?

— Não é a mesma coisa, respondeu ela; a senhora é tão boa, tão fina, que, mesmo se ficasse feiosa como a Marguerite (era a minha cozinheira), sempre continuariam a amá-la.

Essas respostas breves e aguçadas deram prazer a todos, e eu a beijei de bom grado; trouxeram um licor excelente, a garrafa logo se esvaziou, tomei meio cálice e já devolvia o resto quando a menina o pegou das mãos do lacaio e, com um sinal, pediu-me permissão para bebê-lo.

— Aí temos uma jovem por demais estimável, disse madame Renard; não me espanta que madame a ame tanto.

— Pois é, respondi-lhe eu, amo-a como irmã mais nova; deitamo-nos juntas, trocamos uns beijos e dormimos.

— Oh! madame, disse o padre, nós estamos persuadidos da sua boa conduta.

— De minha parte, garanto que sim, disse monsieur Garnier; não lhe faltam razões para gostar de mademoiselle Dany; permita-me contudo dizer-lhe, madame, que ela anda com os seios um pouco à mostra demais.

— Nesse caso, monsieur, disse-lhe eu, vou então pôr-lhe uma estola rendada.

Todo mundo foi contra, dizendo que não estava na moda, mas nem por isso deixei de garantir ao padre que, quando eu a levasse à igreja, ela sempre usaria uma estola rendada. Mantive a palavra, mas a estola era tão estreita que não escondia nada, e de vez em quando eu recorria ao pretexto de ajeitá-la para poder tocar, diante de todos, nos seios da menina.

Levantamo-nos da mesa para falar das novidades. Monsieur Garnier contou um caso muito engraçado, que corria no bairro, de um marido que, voltando à noite do campo, encontrou na cama da esposa uma pessoa que estava com uma touca de homem, e no entanto era a irmã dele.

Mademoseille Dany, enquanto isso, tinha ido, por ordem minha, mudar de roupa, e se esgueirou pelo canto mais discreto para ir deitar-se em minha cama sem que a vissem; quando o pêndulo bateu meia-noite, todos se levantaram para ir-se embora; mas madame Renard, ao passar perto da cama, percebeu a presença da pequena e apanhou uma vela para mostrá-la à luz; Dany estava quase sentada, com uma bonita touca com fitas cor de fogo e uma camisola de rendas muito decotada, de modo que se viam completamente seus seios, que por certo não caíam, que eram duas maçãzinhas bem brancas, ambas de nítido contorno e cada qual com um pequeno botão de rosa no meio; ali ela havia posto uma grande pinta redonda, a fim de lhes realçar a brancura, e eu lhe dissera para não tirar nem os brincos nem as pintas; era verão, fazia calor; mademoiselle não temia resfriar-se, apesar de tão exposta; todos foram beijá-la em despedida.

– Bem, vamos indo, disse mademoiselle Dupuis; deixemos que madame se deite com esta bela criança.

Chamei então os meus lacaios, que acenderam um tocheiro para levar o senhor vigário e padre Garnier em casa; monsieur Renard e a esposa não precisaram senão de atravessar o riacho; madame Dupuis e a filha, que moravam em Estrapade, tiveram de esperar os meus lacaios de volta.

Tirei a roupa diante delas, pus a touca de dormir e deitei-me; logo peguei minha criança nos braços e beijei-a três ou quatro vezes, sem me esquecer dos seios; depois a coloquei no canto largo da cama, para que mademoiselle Dupuis a visse mais à vontade; levantei a camisola dela por trás e me colei no seu corpinho, metendo-lhe a mão direita nos peitos; como antes instruída por mim, ela se mantinha de costas e virava a cabeça para a esquerda, a fim de dar-me um pretexto para avançar sobre ela, como se tentasse beijá-la.

– Veja só esta ingrata, disse eu para mademoiselle Dupuis, que não quer saber dos meus beijos!

Entretanto eu continuava a agarrá-la; por fim, quando a dominava mesmo, ela virou um pouco o rosto e me

estendeu seu biquinho; beijei-a com um incrível prazer, sem sair do lugar, e querendo repetir muitas vezes.
– Você gosta de mim, coraçãozinho? disse-lhe eu.
– Gosto sim, madame, e como!
– Chame-me de meu maridinho ou de minha mulherzinha.
– Prefiro, disse ela, meu maridinho.
Recomecei a beijá-la, nossas bocas não se soltavam mais, até que de repente ela deu um grito:
– Ai, que bom, meu maridinho querido, maridinho do meu coração!
Meu prazer era tão grande como o dela, mas eu não dizia palavra; afinal me endireitei e passamos alguns momentos sem falar nada, soltando longos suspiros.
– Confesse, disse-me então mademoiselle Dupuis, confesse que gosta muito de mademoiselle Dany.
– E não tenho razão, sendo ela digna de ser gostada, e não é para mim uma felicidade, poder amá-la de maneira inocente, sem ofender a Deus nem aos homens? Você deve ter ouvido, ainda há pouco, o que disse o padre Garnier: eu não lhe escondo nada, e ele garante tudo por mim.
Vieram avisar que os lacaios já estavam de volta; com eles foram-se as senhoras, e nós dormimos até às onze e meia, quando nos acordaram para irmos à missa. Era um dia festivo; mal tivemos tempo de nos meter em roupas folgadas e de cobrir a cabeça.

Vivíamos contentes, quando veio outra vez uma pequena tormenta, da parte do senhor cardeal. O superior do seminário dos veneráveis padres, recém-instalado no *faubourg* Saint-Marceau, tinha contado para ele que todos os dias eu estava tão enfeitada, tão bem-vestida, tão atraente no meu banco, com tantas fitas e diamantes no corpo, que ele nem ousava levar seus seminaristas à igreja.

Era mademoiselle Dany quem entrava em questão; o bom superior, que não enxergava bem, a tomara por mim e, vendo-a em cintilantes trajes de ouro e prata, julgou de bom alvitre advertir o cardeal.

O senhor pároco, intimado e interrogado, respondeu que nada havia de novo, que eu continuava indo à missa em trajes muito discretos e que sem dúvida tinham tomado mademoiselle Dany por mim. Aconselhou-me no entanto a ir ver o cardeal, vestido com muita simplicidade, e a levar mademoiselle Dany comigo, toda ornamentada.

Fui lá num dia de audiência, usando o meu mantô preto, uma saia também preta, o corpete cintilante escondido, um lenço de musselina ao pescoço, a peruca pouco empoada, brinquinhos de ouro nas orelhas e emplastros de veludo nas têmporas.

Mademoiselle Dany, em compensação, estava na maior elegância, com uma roupa em tecido de ouro com flores naturais, bem penteada, com os meus brincos de brilhantes e umas sete ou oito pintas. Aguardávamos numa antessala quando o cardeal aí entrou; ao levar à saída a duquesa d'Estrées, ele me viu e veio falar comigo.

– Monsenhor, disse-lhe eu, venho justificar-me; tenha a bondade de considerar os meus trajes; é sempre assim que eu vou a Saint-Médard; caso não me julgue corretamente vestido, mudarei para o que for do agrado de vossa eminência.

– O senhor está muito bem, disse-me ele após examinar-me, e agora percebo que o tomaram por esta bela senhorita que aí temos.

Perguntou-me de quem seria filha, e eu lhe contei a sua desventura. Ele louvou minha caridade e me exortou a cuidar bem da menina.

– Mademoiselle, disse-lhe então cortesmente o cardeal, que seja sempre tão sensata como é bela.

E lá se foi receber outras pessoas em audiência; já nós, ao sairmos, fomos insistentemente olhadas por duzentos monges que se achavam nas antessalas. Ao pároco de Saint-Médard, que me aguardava em casa, contei o acolhimento que o senhor cardeal nos dera; no dia seguinte, indo mais longe, ele me disse que o cardeal lhe tinha dito que me vira vestida muito discretamente e que ele estava contente, mas se esquecera de me agradecer por todas as caridades que eu fazia na paróquia.

Pode-se imaginar que isso me deu grande prazer; retornei três meses depois ao cardeal, a pedido do vigário, para propor-lhe um novo orfanato para vinte crianças da paróquia; eu me oferecia para alugar a casa e contribuir com quinhentas libras por ano; várias mulheres de curtidores de couro ricos ofereciam somas consideráveis; ele me ouviu e prometeu ir ao local examinar a coisa.

Fui sozinha à audiência, sem a pequena Dany. O santo cardeal, por causa disso, quase se aborreceu; disse-me que eu estava me tornando coquete, mas que ele me perdoava, por causa das boas obras que eu fazia.

Talvez notasse que eu exibia o corpete cintilante, que ele não tinha visto da outra vez, e que usava brincos mais bonitos, além de sete ou oito pintas. Fiquei vermelha como brasa.

– Se é coquete por um lado, disse-me ele em voz baixa, por outro é muito recatada; e um lado compensa o outro.

Fiz-lhe uma reverência profunda e me retirei. Quinze dias depois ele veio a Saint-Médard; tendo o senhor vigário me avisado, fui esperá-lo ao chegar da carruagem.

Ele quis ir andando para visitar a casa que eu pretendia alugar para as crianças órfãs, e achou-a adequada; depois de duas ruas a pé, ao perceber que o meu mantô e as saias se arrastavam no chão, fez questão absoluta de que um dos meus lacaios me levasse as caudas, o que em sinal de respeito eu preferia evitar.

Eu, que não estava usando brincos nem pintas, não incidia no erro da audiência anterior.

– Monsenhor, respondi, eu esperava vossa eminência.

Ele riu, e não deixou de elogiar muito meus trajes.
— Seria de desejar, disse em alto e bom som, que todas as damas se vestissem assim discretamente.

Havia lá mais de uma a pensar em segredo que, quando ele não se achava presente, eu bancava mais livremente a bela dona. A instituição para órfãos foi criada e vai indo muito bem.

Alguém é capaz de imaginar que algo pudesse perturbar uma vida assim tão deleitosa? Monsieur Mansard, superintendente dos palácios reais, foi quem, por amizade, veio informar-me que cinco ou seis pessoas haviam pedido meu apartamento no Luxembourg, dizendo ao rei que eu não ligava para ele e que tinha uma casa no *faubourg* Saint-Marceau, onde eu residia sempre, e que o rei me defendera várias vezes, mas que por fim acabaria cedendo, se eu não voltasse a morar no Luxembourg.

Acreditei nisso, do que depois muito me arrependi; tornei àquela infeliz morada e de noite eu ia à casa de monsieur Terrac, onde o jogo corria solto; voltei às cartas e perdi somas imensas, perdi todo o dinheiro que tinha e, em seguida, meus anéis e meus brincos; não havia mais como bancar a bela.

Tomado de raiva, vendi minha casa do *faubourg* Saint-Marceau, que também perdi; já não pensando mais em me vestir de mulher, fui viajar, para tentar esconder minha penúria e vergonha, para tentar dissipar tanta tristeza.

Antes de partir, pus a pobre e pequena Dany numa comunidade, onde ela se comportou muito bem; dois anos depois, fez-se religiosa, e eu paguei seu dote.

III
As aventuras do abade com as jovens atrizes Montfleury e Mondory

Não duvido, madame, que a história da marquesa de Baneville[4] lhe tenha dado prazer; fiquei contente por me sentir de certo modo autorizada pelo exemplo de tão amável pessoa; confesso no entanto que esse exemplo não deve ter consequências. A jovem marquesa podia muito bem fazer coisas que me eram proibidas, pois sua beleza prodigiosa punha-a ao abrigo de tudo.

Voltando às minhas aventuras particulares, devo dizer que ainda ficamos no campo cinco ou seis dias; mas foi preciso enfim deixá-lo para regressar a Paris e ao palácio. A esposa do presidente devolveu a pequena Montfleury ao pai, fazendo-o prometer que de vez em quando a mandaria para jantar e, se ficasse muito tarde, para dormir em casa dela. Isso aliás aconteceu com frequência: a

---

[4] O conto sobre a marquesa-marquês de Baneville, publicado no número de fevereiro de 1695 do *Mercure Galant*, está resumido e comentado no posfácio. Entre este capítulo e o precedente, segundo nota de Georges Mongrédien ao texto aqui seguido, "há certamente uma lacuna causada pela destruição de um dos fragmentos do manuscrito original". (N. do T.)

carruagem da esposa do presidente levava-a de volta na manhã seguinte, e ele não aparecia por lá.

Entrementes o marquês de Carbon, que tinha ido às suas terras para cuidar de negócios, retornou a Paris e, ao chegar, veio à minha procura. Eram sete da noite; no pátio ele se encontrou com o senhor presidente, que voltava para casa, e os dois trocaram cumprimentos efusivos; o presidente gostava do marquês.

– Venha ver minha sobrinha, disse-lhe ele, que está mais bonita do que nunca; ela está com minha esposa, e vou levá-lo até lá.

Subiram juntos; o marquês saudou a esposa do presidente e me deu também essa honra. Começamos uma boa conversa que se prolongou até o presidente vir anunciar que o jantar estava servido e convidar o marquês. Esse, que não se fez de rogado, arrependeu-se porém de ter ficado quando viu chegar mademoiselle de Mondory, que o presidente mandara buscar em sua carruagem para participar do jantar. O ciúme do marquês despertou; embora ele fizesse todo o possível para demonstrar bom humor, em seu íntimo eu lia que era tudo forçado, pois lançava-me de quando em quando uns olhares de ternura, ou de despeito, ou às vezes de cólera. Já a pequena Mondory triunfava, cumulando-me de afagos.

– Vamos, mademoiselle, dizia-me ela maliciosamente, vamos até o nosso quarto, já é tarde e temos de nos frisar para amanhã.

O marquês não pôde aguentar mais; levado ao desespero pelo que estava vendo, encostou-se ao meu ouvido e bem baixinho me disse:
— Deixo-a com a sua comediante, não estragarei seus prazeres.

E saiu bruscamente; bem que eu gostaria de o ter amansado com palavras brandas, pois eu não queria perdê-lo, mas meu coração se regia por seus hábitos, balançando entre ele e ela.

Na primeira vez em que fomos ao teatro de comédia, senti-me no entanto realmente tocada; ocupávamos um dos camarotes da frente, que o presidente tinha alugado; a esposa dele, uma de suas amigas, o marquês e eu estávamos na primeira fila; representava-se *Venceslas*, peça de Rotrou; o papel mais destacado cabia à pequena Mondory, que, quando me viu no camarote, toda enfeitada e contente ao lado do marquês, começou a chorar tão forte que mal conseguia dizer seus versos; também me pus a chorar, compreendendo ser eu quem a fazia derramar tantas lágrimas. O marquês percebeu tudo e me disse em voz baixa:
— Vejo que ainda a ama, mademoiselle.
— Monsieur, repliquei-lhe eu, não retornarei ao teatro.

Minha resposta o comoveu, e ele, sem nada me falar sobre isso, foi pedir a mademoiselle de Mondory que viesse me ver; ela porém não quis saber de conversa e saiu pelos fundos do teatro, chorando sempre e fingindo uma dor de dentes horrível.

Para apagá-la completamente do espírito, resolvi que ia mesmo viajar, a fim de dissipar meu desgosto, de abandonar, se o conseguisse, todas as minhas criancices, que começavam a não ser compatíveis com a minha idade, e de ligar-me a alguma coisa mais sólida; eu já não estava naquela fase da mocidade em que tudo se perdoa, mas bem poderia, se o quisesse, passar ainda por mulher. Juntei pois o máximo de dinheiro que pude, deixei meus negócios nas mãos do presidente e parti para a Itália, com um gibão justo e uma espada.

Lá fiquei por dez anos, em Roma ou em Veneza, e lá me arruinei no jogo. Uma paixão afasta outra, e a do jogo é a primeira de todas: o amor e a ambição enfraquecem com o envelhecimento, mas o jogo reverdece quando o resto já passa.

Adeus, madame; quando quiser, contar-lhe-ei minhas viagens pela Itália e a Inglaterra.

IV
A condessa des Barres

Minha mãe, quando morreu, desfrutava de mais de vinte e cinco mil libras de renda; tinha tido cinquenta mil escudos no casamento e quatro mil francos de dote, o que fazia um fundo de oitenta mil francos, mais oito mil libras de pensão de um grande príncipe e seis mil francos de uma grande rainha, sua velha amiga; no entanto deixou apenas mil e duzentos francos em dinheiro vivo, mais pedrarias, móveis e baixela de prata, não devendo em compensação nem um vintém.

Éramos três irmãos, sendo eu o caçula; o mais velho era intendente de província, o do meio chefiava um regimento e eu tinha dez mil libras de renda em patrimônio, tanto do lado de meu pai quanto do lado de uma tia que me fizera seu herdeiro, e quatorze mil libras de renda em benefícios.

Logo eu disse aos meus irmãos que queria fazer a partilha dos bens da minha mãe; tendo eles me emancipado, para evitar a presença de um tutor incômodo com quem seria preciso discutir todas as questões de família, aceitaram minha proposta, pressentindo que seriam bem tratados por mim.

Cada um de nós ia dispor na partilha de cerca de setenta mil francos dos bens da minha mãe; fiquei com as pedrarias, pelo valor de vinte mil francos, com móveis, por oito, e com a baixela de prata, por seis mil. Tudo isso totalizava trinta e quatro mil francos, faltando ainda trinta e seis para completar minha parte; deixei-os para os meus irmãos, com tudo o que era devido à minha mãe, tanto de suas pensões quanto de suas arras, o que se elevava ainda a mais de quarenta mil francos. E todos três ficamos satisfeitos.

Eu estava feliz da vida por possuir belas joias; nunca tendo tido antes senão brincos de argolas de duzentas pistolas e alguns anéis, via-me agora com pendentes de dez mil francos, um crucifixo de diamantes de cinco mil francos e três bonitos anéis. Com isso eu podia me enfeitar e bancar a bela, já que desde a infância sempre gostara de me vestir de menina, como bem o prova minha aventura em Bordeaux, e a isso não se opunha ainda o meu rosto, apesar dos vinte e dois anos com que então estava.

Eu não tinha barba, pois haviam cuidado, desde os meus cinco ou seis anos de idade, de me passar todos os dias uma certa loção que destruía os pelos na raiz, à condição de começar bem cedo o tratamento; os cabelos pretos tornavam a minha pele aceitável, por contraste, embora eu não a tivesse muito branca.

Meu irmão mais velho estava sempre nas intendências, e o outro, mesmo no inverno, no exército. Monsieur de Turenne, que gostava muito dele, conseguia que lhe dessem missões o ano todo, para que sua carreira progredisse. Uma campanha no inverno, quando nunca se arrisca a vida, promove mais do que duas campanhas no verão, quando se pode morrer a qualquer momento; a razão disso é bem fácil de encontrar, é que a maioria dos jovens quer passar o inverno em Paris, para ir ao teatro de comédia, ou à ópera, e aí ver as mulheres: poucos são os que sacrificam o seu prazer ao sucesso.

Não sendo pois tolhido por ninguém, eu me abandonei à minha inclinação. Vendo-me sempre muito arrumado, com pendentes nas orelhas e pintas, madame de La Fayette[5], que eu frequentemente encontrava, chegou até a me dizer, como boa amiga, que aquilo não estava em moda para homens e que melhor seria eu me vestir de mulher.

Com base em tão grande autoridade, mandei cortar os cabelos para ser bem penteada; tinha-os eu de um modo prodigioso, e nessa época era mister tê-los bastante, se nada se queria pegar de empréstimo; usavam-se uns cachinhos na testa, e outros maiores nos dois lados do

---

[5] Marie-Madeleine Pioche de La Vergne, condessa de La Fayette (1634-1693), autora de *A princesa de Clèves*. Há uma ponta de ironia, linhas adiante, quando se diz que La Rochefoucauld (1613-1680) estava no quarto dela, já que os dois escritores eram sabidamente amantes. (N. do T.)

rosto e em redor da cabeça, com um grande coque mantido por fitas ou por pérolas, quando se as tinha.

Como eu possuía muitos vestidos, enverguei o mais bonito e fui visitar madame de La Fayette, com os meus pendentes nas orelhas e o crucifixo de diamantes; ao me ver, ela exclamou:

— Ah! que coisa mais linda! Você então seguiu o meu conselho, e fez bem. Pergunte só a monsieur de La Rochefoucauld (que estava então no quarto dela).

Ambos, me virando e revirando, se mostraram muito contentes.

As mulheres gostam de ter os seus conselhos seguidos, e madame de La Fayette se sentiu obrigada a fazer aprovar em sociedade o que ela me havia sugerido, talvez um pouco ligeiramente. Aquilo me deu coragem e, durante dois meses, continuei a me vestir de mulher todos os dias; ia assim por toda parte, fazer visitas, à igreja, ao sermão, à ópera, ao teatro de comédia, e parecia-me que os outros se acostumavam comigo, que me fazia chamar, por meus lacaios, de madame de Sancy.

Mandei pintar-me por Ferdinand, famoso pintor italiano, que de mim fez um retrato que muitos iam ver; em suma, eu dava pleno contentamento ao meu gosto.

Sempre que Monsieur[6] estava em Paris, eu ia ao Palais-Royal, e ele me cumulava de atenções, porque nossas

---

[6] Trata-se de Filipe d'Orleans, o irmão de Luís XIV, quatro anos mais velho do que o abade, seu amigo de infância e, como ele, criado como menina. Ver posfácio. (N. do T.)

inclinações eram parecidas; bem que ele desejaria poder vestir-se de mulher também, mas não ousava, por causa de sua dignidade (os príncipes são prisioneiros de sua própria grandeza); somente de noite ele punha touca, brincos e pintas para se contemplar nos espelhos.

Incensado por seus admiradores, todos os anos ele dava um grande baile, na segunda-feira de carnaval. Mandou-me comparecer, com vestido de gala e o rosto a descoberto, e incumbiu o cavaleiro de Pradine de me conduzir numa dança.

Foi uma noite e tanta: havia trinta e quatro mulheres cobertas de pérolas e diamantes. Acharam-me muito bem e eu dancei na mais completa perfeição: o baile parecia ser feito para mim.

Monsieur deu-lhe início, com mademoiselle de Brancas, que estava muito bonita (mais tarde ela viria a ser princesa d'Harcourt), e logo no momento seguinte foi se vestir de mulher e voltou mascarado para o baile. Todos o reconheceram, antes de tudo porque ele não visava ao mistério, e o cavaleiro de Lorraine lhe deu a mão; ele dançou o minueto e foi sentar-se entre as damas; antes de tirar a máscara, fez-se um pouco de rogado, mas não desejava outra coisa, pois queria ser visto. Impossível dizer até que ponto ele levava a coqueteria ao mirar-se, pondo pintas artificiais e mudando-as de lugar, e eu mesmo talvez ainda fizesse pior; os homens, quando creem ser bonitos, são mais ciosos de sua própria beleza que as mulheres.

Seja como for, esse baile me deu grande reputação, e conquistei não poucos admiradores, a maioria para se divertir, mas alguns em boa fé.

A vida corria assim deliciosa, quando a esquisitice ou, melhor dizendo, a brutalidade de monsieur de Montausier me deitou tudo a perder. Ele havia levado o delfim de França[7] à ópera, em Paris, e o deixara num camarote com a sua filha, a duquesa de Usez, para ir fazer visitas na cidade, pois ele mesmo não gostava de música. A ópera já começara, havia bem meia hora, quando madame de Usez me percebeu num camarote no outro lado da plateia; os meus brincos cintilavam de extremo a extremo da sala; madame, que gostava muito de mim, teve vontade de me ver mais de perto e mandou La★★★, que servia ao delfim, vir dizer-me que fosse ao seu encontro; de imediato lá fui, e nem há como falar das amabilidades de que o principezinho me cercou; ele devia ter uns doze anos.

Eu usava um vestido branco com flores de ouro, com guarnições em cetim preto, fitas cor-de-rosa, diamantes e pintas. Acharam-me linda; meu senhor quis que eu permanecesse em seu camarote e me fez participar da leve refeição que lhe serviram; meu coração transbordava de alegria.

---

[7] Luís de França, dito o Grande Delfim (1661-1711), filho de Luís XIV e de Maria Teresa da Áustria. (N. do T.)

O desmancha-prazeres porém veio; tão logo monsieur de Montausier chegou das suas visitas, madame de Usez, dizendo o meu nome, perguntou-lhe se não me achava do seu agrado. Após considerar-me algum tempo, ele me disse:

— Confesso, madame, ou mademoiselle (não sei como convém tratá-la), confesso que a senhora é bonita; mas realmente não se envergonha de usar uma roupa dessas e bancar a mulher, já que tem a grande felicidade de o não ser? Ora, trate de ir esconder-se, o senhor delfim acha-a muito mal desse modo.

— Perdão, monsieur, redarguiu o principezinho, acho-a bela como um anjo.

Fiquei muito aborrecida e saí da ópera sem voltar ao meu camarote, disposta a abrir mão daqueles tantos enfeites que me tinham ocasionado uma reprimenda tão desagradável; não havendo porém como pôr essa decisão em prática, resolvi ir morar por três ou quatro anos numa província, onde eu não fosse conhecida e onde pudesse bancar a bela pelo tempo que quisesse.

Após estudar detidamente o mapa, cheguei à conclusão de que a cidade de Bourges me convinha; nunca havia estado lá, que não era lugar de passagem para o exército, e lá eu poderia fazer o que me agradasse.

Querendo explorar pessoalmente o local, parti na diligência para Bourges com um criado de quarto, chamado Bouju, que me servia desde a infância. Pusera uma peruca loura, eu que tinha os cabelos pretos, para que não me reconhecessem quando voltasse lá.

Descemos na melhor hospedaria e já no dia seguinte eu passeava pela cidade, que achei bem a meu gosto. Informei-me se não havia alguma casa de campo para vender nos arredores; disseram-me que o castelo de Crespon estava em venda judicial e pertencia a um tesoureiro do governo, chamado monsieur Gaillot.

Fui ver a casa e dei com um lugar muito simpático, uma construção erguida vinte anos antes que se queria vender já mobiliada, com um parque de dois mil metros quadrados, jardim, horta, açudes, um bosquezinho, boas muralhas e, na extremidade do parque, uma extensa grade de ferro dando para um riacho onde poderia até caber um barco, se não houvesse um pouco acima vários moinhos nos quais vinham moer a maior parte da farinha destinada à cidade de Bourges. Notei contudo que diante do parque havia uma área livre, de menos de meia légua, desprovida de moinhos, uma estreita margem que eu poderia ter para passeios.

Fiquei encantada; disseram-me que a venda judicial se processava no Châtelet de Paris; sem querer ver mais nada, voltei logo para lá, impaciente para conseguir adjudicar-me a senhoria de Crespon, onde havia uma aldeia grande.

Chegada a Paris, fui logo em busca dos procuradores, cujos nomes e residências não deixara de anotar; disseram-me eles que a propriedade fora penhorada por vinte e uma mil libras, e que para arrematá-la era preciso aumentar de um terço o valor, ou seja, pagar vinte e oito mil.

Tinham me garantido em Bourges que valia mais de dez mil escudos; cobiçando-a, aceitei o terço a mais e vi-me apta a entrar de posse da terra. O meu agente de negócios, monsieur Acarel, recebeu-a em seu nome e dela no mesmo dia fez-me uma ação declaratória; dias depois, confiado a ele o meu desígnio, partiu para assumir o controle.

Monsieur Gaillot o recebeu de braços abertos, pois ganhava sete mil francos com os quais não estava contando. Monsieur Acarel lhe disse que a terra se destinava a uma jovem viúva, uma condessa, chamada madame des Barres, que lá pretendia se estabelecer.

Acarel manteve o caseiro, tendo Gaillot lhe prometido que ficaria de olho em tudo até a chegada da condessa.

Monsieur Acarel retornou encantado com a minha nova aquisição; quanto a mim, eu morria de vontade de partir, mas precisei de mais de seis semanas para fazer os preparativos. Escrevi aos meus irmãos que iria viajar durante dois ou três anos e que deixava com monsieur Acarel uma ampla procuração.

A mulher de Bouju, muito habilidosa, penteava-me perfeitamente bem; quando eu lhe disse que não mais pretendia tirar as roupas de mulher, ela me aconselhou a continuar cortando os cabelos de acordo com a moda, o que fiz; não havia mais como eu me desdizer.

Mandei fazer dois trajes magníficos, em tecidos de ouro e prata, e outros quatro mais simples, porém muito elegantes; contava com adereços de todo tipo, com fitas, toucas, luvas, manguitos, leques e tudo o mais, por julgar que numa província nada disso eu conseguiria encontrar. Dispensei todos os meus criados, tendo a viagem por pretexto, e remunerei-os; aluguei em seguida um pequeno quarto mobiliado perto do palácio, enquanto Bouju ia alugar para mim uma casa por um mês, no *faubourg* Saint-Honoré, para onde ele mandou levar minha carruagem, com quatro cavalos de tração e um de sela; contratou também um bom cocheiro, um cozinheiro, um palafreneiro que servisse de postilhão, uma criada de quarto, para me vestir e lavar a roupa-branca, e três lacaios, dois grandes e um pequeno que me levasse a cauda; ao mandar repintar minha carruagem em ébano, fez que nela colocassem, como indicação de viúva, monogramas encordoados; quando tudo estava pronto, veio buscar-me no meu quartinho.

Sua mulher trouxe-me um vestido cinza, bem simples porém muito elegante, que pus com toucas e máscara; na época, isso era muito cômodo, pois que afastava o temor de ser reconhecido.

Bouju foi pagar à locatária, e nós subimos num coche de aluguel que aguardava à porta.

Fomos para a casa do *faubourg* Saint-Honoré, onde os meus novos empregados foram apresentados à condessa des Barres, que seria a nova patroa. Pareceram muito contentes de me ver, e prometi lhes fazer o bem, desde que me servissem com afeição e entre eles não surgissem querelas.

Dois dias depois nós partimos para Bourges; como eu queria que monsieur Acarel fosse até lá me instalar, ele ia na minha carruagem com madame Bouju. O marido dela e Angélique, a criada de quarto, foram na diligência, indo o meu cozinheiro no cavalo de sela.

No próprio assento da carruagem eu levava a minha baixela de prata e, a meus pés, o cofrezinho de joias, que não perdia de vista; os móveis, roupas de cama, tapeçarias, trajes e roupa-branca foram na carroça de carga, à qual atrelaram, tanto era o peso, mais dois cavalos, se bem que fosse o mês de maio, quando as estradas estão boas.

Partimos juntos com a diligência, no mesmo dia e fazendo o mesmo percurso, para que todas as noites eu pudesse dispor da criadagem para me servir.

Ao descer da carruagem, logo no primeiro pernoite, vi um dos meus primos à porta da hospedaria; mas, como eu não tirei a máscara, de nada ele desconfiou, e no dia seguinte nós partimos antes de ele ter acordado.

Ao chegar a Bourges, iríamos diretamente à residência de monsieur Gaillot; Acarel no entanto lhe comunicara por escrito dia e hora previstos para a nossa chegada, e assim ele veio ao nosso encontro, na sua própria carruagem, a um quarto de légua da cidade; passou aí para a minha, enquanto monsieur Acarel e madame Bouju se instalavam na dele.

Fiquei muito à vontade para manter com ele uma conversa a sós; pareceu-me homem sensato, que me deu de toda a Bourges um minucioso retrato; tinha se atrapalhado nos negócios, porém ainda lhe restavam bens. Quando chegamos à sua casa, apresentou-me à esposa e levou-me aos meus aposentos, onde me deixou sem insistir na conversa: tomei-o por não ser muito provinciano.

Já no dia seguinte fui ver a minha casa, que me agradou ainda mais, e para lá mandei levar os móveis; até que tudo estivesse em ordem, foi-me porém preciso permanecer quatro ou cinco dias como hóspede de monsieur Gaillot.

Em Bourges, não estive com ninguém nem fiz nenhuma visita; ia apenas à missa e, quando notava que tinham vontade de me ver, tirava por instantes a máscara, o que redobrava a curiosidade.

Finalmente fui me estabelecer de vez em Crespon, onde encontrei um padre que de fato era um homem de bem, sem bancar o santarrão; sendo amante da alegria e da ordem, sabia perfeitamente aliar os deveres da sua profissão com os prazeres da vida. Logo vi que eu me adaptaria às mil maravilhas; dei-lhe a saber minha disposição de espírito, a fim de que ele se adaptasse também, o que era justo, e assegurei-lhe não o querer ver constrangido por minha causa, pois que eu, por causa dele, jamais me constrangeria; disse-lhe que seria muito assíduo na paróquia, que trataria de ouvir bons pregadores na quaresma, que cuidaria dos pobres, que o instava a ser dos meus amigos e a vir com frequência e sem cerimônia cear na minha casa, porque isso não me daria nenhum trabalho a mais na cozinha, e lhe mantive a palavra.

No almoço eu sempre tinha uma sopa e duas boas entradas, dois pratos de guisados e alguma carne cozida, um bom pão, um bom vinho, e o assado da noite já ficava preparado para pôr no espeto quando chegava alguém.

Na minha aldeia havia duas ou três casas de gentis-homens que não eram muito abastados. Trouxe-me o padre o cavaleiro d'Hanecourt, que me pareceu ter bom gênio e espírito medíocre, mas que era lindo como o dia e sabia disso. Tinha sido mosqueteiro e feito três ou quatro campanhas; a carreira lhe parecera penosa e já fazia dois anos que ele estava de volta à sua caça de lebres. Bancou de início o apaixonado, mas eu não me deixava enganar por seus trejeitos e julguei que só me achava bonita por ser rica; tratei-o no entanto com delicadeza e suportei sua assiduidade.

Assim que tive a casa em ordem, fui a Bourges. Cuidei de usar uma roupa bem decente, e ao mesmo tempo muito simples, rendas recatadas, nenhum diamante, brincos de ouro nas orelhas, um discreto penteado, toucas que eu nunca tirava nas visitas, fitas pretas e nenhuma pinta no rosto.

Fui à casa de monsieur e madame Gaillot, que me levaram à de monsieur du Goudray, um general-de-divisão. Era um homem muito feio, mas de aparência saudável e com presença de espírito; recebendo-me com grandes distinções, apresentou-me ele à sua esposa e à filha. A mulher estava com cinquenta anos, e via-se que havia sido bonita; a filha, que tinha uns quinze ou dezesseis, era um pouco moreninha demais, porém tão viva e tão bem-humorada que se tornava atraente.

Enquanto eu estava lá, uma visita chegou. Era a marquesa de La Grise, com a sua filha, que me pareceu mui graciosa. Mas não tive tempo de examiná-la, porque a noite ia caindo e eu voltei para casa.

Fiz grande amizade com a generala, que já no dia seguinte veio retribuir-me a visita; tive o prazer de lhe mostrar os aposentos mobiliados e decorados de modo como ela nunca os vira.

Minha enorme alcova era suntuosa: uma tapeçaria de Flandres das mais finas, um leito de veludo encarnado, com franjas de ouro e seda, cadeiras de braços que eu havia forrado com as minhas saias velhas, uma lareira de mármore; só faltavam os espelhos, mas quinze dias depois consegui alguns magníficos.

É que a marquesa du Tronc tinha morrido em seu castelo, a três ou quatro léguas de Bourges; seus móveis foram vendidos, e comprei a bom preço dois espelhos de vão entre janelas, dois espelhos de lareira e outro grande, além de um candelabro de cristal.

Por aí se vê que a minha alcova ficou bem decorada. No térreo eu tinha uma saleta, o salão, um gabinete, a galeria que dava para o jardim e, no segundo andar, o quarto de dormir, a capelinha e dois quartos de vestir, com um degrau de comunicação entre eles. Do outro lado da escada ficava a sala de jantar, com um degrauzinho para subir da cozinha. Embaixo eu dispunha ainda de um apartamento que destinava aos hóspedes, sem contar o corredor que se estendia ao longo da construção e levava a cinco ou seis quartos com bons leitos; isso para não falar dos quartos da criadagem e da cavalariça, onde não faltava nada.

Levei a generala a conhecer toda a casa e dei-lhe um ótimo almoço, embora ela não tivesse chegado senão ao meio-dia e meia, para eu nada fazer de extraordinário. Por sua vez ela me pediu que lhe desse a honra de ir almoçar em sua casa na quinta-feira seguinte, dizendo-me que convidaria também as principais senhoras da cidade, que morriam de vontade de me conhecer.

No dia marcado, lá fui eu, mas achei que devia usar os meus mais belos enfeites; até então eu só tinha aparecido em Bourges de um modo muito discreto.

Pus um vestido em tecido de fundo prateado, com um bordado de flores naturais, uma cauda muito longa e a saia igual; dos dois lados, o vestido era amarrado por fitas cor de prata e amarelas, com um laçarote por trás para marcar o talhe; o corpete era bem alto e acolchoado na frente, para fazer crer que ali havia um par de seios, tendo eu efetivamente tanto busto quanto uma moça de quinze anos.

Desde a infância me tinham posto corpetes que me apertavam muito para altear a carne, que era farta e rechonchuda. Do pescoço eu também sempre cuidara ao extremo, passando-lhe todas as noites caldo de vitela e pomada de patas de carneiro, o que torna a pele suave e branca. Meus cabelos negros, tinha-os penteados em grandes cachos, com os longos pendentes de diamantes nas orelhas, uma dúzia de pintas e um colar de pérolas falsas, mais bonitas que as verdadeiras; vendo-me com tantas pedrarias, ninguém jamais ia supor, de resto, que eu fosse usar joias falsas.

Em Paris eu havia trocado o meu crucifixo de diamantes, do qual não gostava nada, por cinco alfinetes que punha nos cabelos; meu penteado era adornado por fitas cor de prata e amarelas, o que ficava muito bem com os cabelos pretos e dispensava a touca, pois estávamos no mês de junho; uma grande máscara que me cobria as faces, por temor de as queimar ao sol, luvas brancas e um leque completavam a minha indumentária; ninguém jamais suspeitaria que eu não era mulher.

Às onze e meia da manhã, tomei a minha carruagem, com madame Bouju, para ir a Bourges; a senhora generala, quando cheguei à casa dela, ia também tomando a sua; tão logo me viu, fez menção de retornar, do que porém a impedi, quando eu soube que ela estava indo à missa na catedral; era a missa das preguiçosas, a que todas as beldades e todos os galantes locais compareciam; subi pois à sua carruagem para que fôssemos juntas.

Olharam-me a torto e a direito; meus adereços, meu vestido, meus diamantes, a novidade, tudo despertava atenção. Após a missa, passamos entre duas alas, para voltar à carruagem, e ouvi na multidão várias vozes dizendo: "Que mulher mais bonita!", o que por certo me causava prazer.

As pessoas convidadas nos aguardavam em casa; o general veio me dar a mão para eu descer da carruagem e, ao entrar no recinto, lá encontrei a marquesa de La Grise com a filha, monsieur e madame Gaillot e o abade de Saint-Siphorien, cuja abadia distava duas léguas de Bourges; era um velhote assaz espirituoso, em quem ainda se fazia notar a galanteria dos tempos idos.

— Madame, disse-me ele, já muito me falaram de si, e o que ora vejo é muito mais.

Respondi à cortesia e beijei madame de La Grise, que me pareceu boa pessoa; não teria mais de quarenta anos e não se dava à menor afetação de beleza; todo o seu amor-próprio já se voltara para a filha, que bem o merecia.

Era uma dessas belezuras mimosas que só pela aparência cativam, com traços delicados, a pele boa, olhinhos cheios de fogo, a boca grande, dentes lindos, lábios cinzelados e rubros, cabelos louros, busto admirável, e que, embora tivesse dezesseis anos, não aparentava mais de doze. Agradou-me em cheio e afaguei-a muito, beijando-a cinco ou seis vezes seguidas, para a alegria da mãe; ajeitei-lhe o penteado, que deixava a desejar, e lhe disse com amizade que ela estava com o peito muito à mostra, ensinando-a a puxar mais para cima a golinha da blusa; a pobre mãe já nem tinha palavras para me agradecer.

— Madame, disse-lhe eu, tenho ao pé de mim a mulher que me criou, pessoa das mais habilidosas; é quem me penteia, e ouso crer que não me achem mal. Todos exclamaram que ter melhor penteado era impossível, vendo-se logo que eu vinha de Paris, onde as mulheres transbordam de elegância.

— Não que não saiba pentear-me sozinha, acrescentei; mas, se às vezes somos preguiçosas, para uma senhorinha é por demais vantajoso, quando quiser, poder passar sem sua aia.

— Madame, disse eu ainda à madame de La Grise, se lhe aprouver me confiar sua filha, por oito dias, garanto-lhe que ela há de saber se pentear muito bem. Três horas por dia eu a farei aprender essa agradável tarefa, sem perdê-la de vista; ela pode dormir comigo, como se fosse uma irmãzinha.

Madame de La Grise respondeu-me que se sentiria honrada de vir à minha casa para agradecer-me por todo o excesso de bondade de que eu cumulava a filha; e não mais insisti no assunto.

Vieram dizer que o almoço estava servido; éramos doze à mesa; a comida, sendo farta, foi porém mal servida, dando o marido e a mulher, a todo instante, ordens muitas vezes contraditórias: uma gritaria perpétua. Comigo não era assim; eu falava em particular com os criados, depois não olhava mais para eles; tudo ia como fosse possível e, de ordinário, tudo ia bem.

Terminado o almoço, cada um de nós tomou sua dose de rosólio, o licor de Turim; o café e o chocolate não eram conhecidos ainda; e o chá mal começava a vir ao mundo.

Às quatro da tarde passamos para o salão onde a música estava à nossa espera; compunham-na uma tiorba, um tiple, um baixo de viola e um violino; uma senhorinha tocava cravo e pretendia acompanhar, muito embora o fizesse pessimamente, e não por culpa dela própria, que disso se esquivara o quanto pôde. O organista da catedral, que deveria desempenhar tal papel, adoecera, e a senhora generala quis absolutamente um concerto, fosse ou não fosse bom. Bastou que esse começasse, assim, para tornar-se uma assuada. Não tive como conter-me de dar à cravista alguns conselhos: que o seu instrumento estava um semitom abaixo, que era preciso fazer pausas e observar o silêncio em determinadas passagens. Meus conselhos porém foram inúteis, pois ela não sabia o bastante para tirar proveito deles.

– A senhora nos fala, madame, disse-me o velho abade de Saint-Siphorien, como se entendesse muito de música; pois então ponha-se lá e acompanhe.

A pobre senhorinha logo saiu do seu lugar, que eu, pressionada por todos, assumi.

Antes de mais nada, querendo dar uma ideia da minha capacidade, toquei alguns prelúdios de fantasia e a

Descente de Mars[8], onde é preciso muita ligeireza de mão; os músicos perceberam com quem estavam lidando e me pediram para dirigir o concerto. Isso não me exigiu grande esforço, eu acompanhava, de livro aberto, qualquer tipo de música, até mesmo a italiana. Por fim transcorreu em boa forma o concerto, e já eram oito horas quando ainda se pensava ser seis; madame Bouju veio dizer-me que a carruagem estava ao meu dispor.

Eu, que não gostava de me aventurar pela noite com as minhas pedrarias, despedi-me de todos e convidei-os a vir me visitar, o que foi prometido.

Não acreditava que tão cedo fossem cumprir a promessa, porém, no dia seguinte, vejo-os chegar ao meio-dia, numa grande e velha carruagem da marquesa de La Grise, da qual desceram ela e a filha, o general, com esposa e filha, e o abade de Saint-Siphorien que, sendo bom homem, todos queriam ter ao lado.

Vi a carruagem deles pela janela. Realmente muito à vontade, eu estava com um robe de tafetá encarnado, um fichu, um enfeite de fitas brancas, touca rendada com fitas encarnadas na cabeça, meus brinquinhos de ouro e nem sequer uma pinta; mas desci mesmo assim e os recebi com alegria, como se estivesse vestida.

– Bem, agora já me viram de todas as maneiras, disse-lhes eu.

---

[8] Ária de Lully transcrita para cravo por Jean-Henri d'Anglebert. (N. do T.)

– Não sei, madame, disse o velho abade, qual das maneiras lhe é mais vantajosa, mas eu, há quarenta anos, teria preferido a pastora à princesa.

Todos riram. Propus irmos para o jardim e levei-os até o bosque, para dar ao cozinheiro tempo para os assados; meia hora depois, vieram dizer que o almoço estava servido; foi simples, mas bom.

– Pelo menos o básico, madames, disse-lhes eu, as senhoras sempre terão aqui; minha vontade é que voltem sempre.

Achei mademoiselle de La Grise mais bonita que nunca e, a pretexto de mostrar-lhe alguma coisa no cravo, consegui lhe falar a sós.

– Que pena essa menina bonita, disse-lhe eu, não gostar de mim!

Ela, ao invés de responder, jogou-se no meu pescoço.

– Diga-me com toda a franqueza, perguntei: você quer mesmo ficar comigo oito dias?

Ela, começando a chorar, beijou-me com tal ternura que logo percebi ter tocado seu coração de menina.

– Será que sua mãe deixaria?

– Mamãe morre de vontade, mas está sem jeito de falar nisso com a senhora, teme que tudo que nos disse tenha sido apenas gentileza.

– Está bem, minha criança, disse-lhe eu, beijando-a de todo o coração, vou tocar na questão do seu penteado, e vejamos o que ela diz.

Voltamos logo para o grupo e, a pretexto de dar alguma ordem, chamei madame Bouju, que no instante seguinte, indo ao meu quarto de vestir, passava pelo quarto onde estávamos; chamei-a e disse:

– Madame, dê uma olhada no penteado de mademoiselle de La Grise; que lhe parece?

Ela a examinou e disse:

– É pena que uma pessoa tão linda, com cabelos tão bonitos, esteja tão mal penteada em comparação com seu rosto.

Em seguida nos fez notar como mademoiselle tinha um excesso de cabelos na testa e como os cachos em volta do seu rosto o ofuscavam e escondiam a beleza das faces. Tomei a palavra e disse a madame de La Grise:

– Quer que eu mande madame Bouju amanhã à sua casa, para pentear mademoiselle? A senhora verá que diferença...

O velho abade interrompeu e me disse:

– Seria justo, madame, privar-se a senhora de quem a serve, quando já se ofereceu ontem a madame de La Grise para ficar com sua filha por oito dias e torná-la mestra em penteados?

– Se a senhora condessa, disse a generala, me oferecesse o mesmo para a minha filha, eu dava o sim na mesma hora.

– E eu ficaria feliz da vida, disse sua filha.

– Ah! madame, exclamou madame de La Grise, não se meta em nosso negócio!

– Minhas belas senhorinhas, disse eu rindo às meninas, ficarei com a que gostar mais de mim.
– Sou eu! Sou eu! disseram as duas juntas, lançando-se ambas, ao mesmo tempo, ao meu pescoço; e a pequena disputa alegrou a companhia.
– Não briguem, disse-lhes eu, temos de contentar as duas, uma de cada vez.
Falava assim para dar a crer que as amava igualmente.
– O mais justo, disse madame de La Grise, é que a minha filha seja a primeira, e ela aliás já está pronta.
– Garanto não ficar com ciúmes, manifestou-se a generala, desde que a minha tenha a sua vez.
– Como as senhoras preferirem, disse eu; gosto muito de todas duas, e ficarei encantado de prestar-lhes um pequeno serviço.
Foi decidido que mademoiselle de La Grise permaneceria comigo e que mademoiselle du Coudray viria depois fazer o mesmo aprendizado.
As senhoras voltaram para Bourges, de onde chegaram para mademoiselle de La Grise, ao cair da noite, suas roupas de dormir. Mandei que me chamassem o padre para jantar conosco; ele veio com o cavaleiro d'Hanecourt, e apresentei-lhes minha jovem pensionista, que ria aos anjos; depois do jantar dispensei o cura e o cavaleiro.
Impaciente para ir para a cama, eu achava que a menina, tanto quanto eu, queria o mesmo. Madame Bouju a penteou para a noite e a fez deitar-se por primeira em

meu leito, no canto mais estreito; eu vim pouco depois e, quando já estava deitada, disse-lhe:
– Chegue mais para cá, coraçãozinho.
Ela não se fez de rogada e, da maneira mais terna, boca colada uma na outra, nós nos beijamos. Mantive a menina muito tempo entre os braços, e beijava-lhe os seios, que eram lindos; fi-la também passar a mão naquele pouco que eu tinha, para ficar ainda mais convencida de que eu era mulher; mas não fui além disso no primeiro dia, contentei-me de ver que ela me amava de todo o coração.
No dia seguinte recebemos várias visitas da vizinhança; a menina se entediava e me dizia baixinho:
– Ah, bela dama (foi o nome que resolveu me atribuir), como o dia custa a passar!
Entendi o que queria dizer. Desde que fomos para a cama, nem foi preciso lhe pedir para chegar mais perto, ela, com suas carícias, parecia me comer; eu, morrendo de amor, preparei-me ao dever de lhe dar prazeres reais. No começo ela disse que eu lhe fazia mal, mas depois soltou um grito que obrigou madame Bouju a levantar-se para ver o que era. Encontrou-nos as duas abraçadinhas; a menina chorava, todavia achou coragem para dizer à Bouju:
– É uma cãibra que eu tenho de vez em quando, madame, que doeu muito.
Beijei-a de todo o coração, não me desagarrando nunca.

— Ai, que dor! gritava ela ainda.

— Isso passa, disse Bouju, que era uma velha maliciosa; quando mademoiselle não sentir mais dor, sentirá grande conforto.

De fato, a dor tinha passado, e as lágrimas de sofrimento tornavam-se lágrimas de prazer agora: beijando-me com toda a força, ela não dizia palavra.

— Você me ama, coraçãozinho? perguntei-lhe.

— Ai, e como! Eu perdi os sentidos, não sei o que estou fazendo. Há de amar-me sempre, minha bela dama?

Respondi-lhe com beijos bem molhados, cinco ou seis, e recomecei a mesma canção, que não nos deu tanto trabalho quanto da primeira vez; a menina não chorou mais, limitava-se a soltar longos suspiros vindos do coração; e nós dormimos.

Nossos prazeres não faziam esquecer o que havíamos prometido à mãe. Bouju se pôs a ensiná-la a pentear-se, mas eu lhe disse para esticar as lições para quinze dias ao menos. Já começava a temer perder de vista a minha amiguinha, e da outra, da que viria sucedê-la, só me lembrava com desprezo.

Três dias depois, madame de La Grise veio almoçar conosco. Eu comentara com a menina que não convinha lhe dizer que nos amávamos tanto, e ela me respondera:

— Claro que bem me guardo, minha bela madame, de contar à minha mãezinha os prazeres que temos juntas; ela ficaria com ciúmes, pois juntas dormimos quase sempre e não nos damos por satisfeitas; muito amo a minha querida mãe, é fato, mas amo mais, mil vezes mais, a minha bela dama.

A inocência da pobre criança me causava prazer, e algum pesar, mas logo eu espantava essa ideia, para não ter a alegria perturbada.

Madame de La Grise encontrou a filha muito bem penteada, mas não teve o prazer de a ver se penteando.

— Passe o dia conosco, madame, disse-lhe eu, e amanhã verá o que ela já aprendeu; meu leito é grande, podemos dormir nós duas juntas, e a menina dorme com a Bouju.

Fez-me insistir um pouco, mas aceitou e ficou, e acabei contrariado, porque seria, para mim, uma noite perdida; porém com isso se assegurava esplendidamente, por outro lado, a confiança da mãe. Assim almoçamos, passeamos pelo jardim e, à noite, depois do jantar, fiz mademoiselle de La Grise dizer uns versos.

Eu era uma boa atriz, foi esse o meu primeiro trabalho.

— Escolhi, disse para a mãe, uma tragédia santa (era o *Polyeucte*), na qual ela não verá senão bons sentimentos.

A menina declamava muito mal, mas eu sabia que, com um pouco de aplicação, seria tão boa quanto eu; prestava atenção aos versos e, para bem pronunciá-los, basta isso.

Madame de La Grise não se cansava de agradecer-me; fiz-lhe pequenas indiscrições sobre a filha, disse que lhe faltava postura, que era deselegante, que não guardava as suas roupas, para levá-la a fazer-lhe reprimendas; isso causava um ótimo efeito, mostrando que eu só queria o bem da filha, e não tinha segundas intenções.

Jantamos e fomos para a cama; para madame de La Grise, apenas tinham posto lençóis limpos. Quando já estávamos deitadas, aproximei-me dela, beijei-a duas ou três vezes e me pus no meu canto, dizendo-lhe:

– Bem, vamos dormir... É assim, madame, disse-lhe eu, que faço com a sua filha, e garanto-lhe que ela dorme como uma pedra; faz tanto exercício o dia todo, no corre-corre pelo jardim com Angélique, que enfim tem mesmo é de dormir.

No dia seguinte, a pobre mãe ficou maravilhada quando a viu enrolar um cacho com facilidade espantosa. Bouju lhe disse:

– Asseguro-lhe, madame, que dentro de quinze dias mademoiselle saberá tanto quanto eu.

Depois do almoço, dando-nos imenso prazer, madame de La Grise foi-se embora.

– Quantos beijos logo mais! dizia a menina. Parece que faz dez dias que eu beijei minha bela dama pela última vez.

Mal acabamos de jantar, logo fomos para a cama; era preciso recuperar o tempo perdido. Tivemos nossos prazeres de sempre, os mais comuns, pois a pobre criança nada entendia de finuras.

Quatro ou cinco dias depois, a generala, sua filha, madame de La Grise e o bom abade vieram almoçar conosco e passaram o dia. A jovem du Coudray, que era espirituosa, dizia continuamente:

— Mademoiselle de La Grise, na verdade, está levando muito tempo para aprender a se pentear; acho que eu, com quatro lições, daria conta do recado; tinham falado de oito dias, mas já lá se vão mais de quinze.

Crendo adiantar seu interesse, ela o atrasava; meu desejo era tê-la o mais distante possível, eu que amava a minha amiguinha e dela não gostava nada.

Passamos ainda três semanas de prazer, mademoiselle de La Grise se penteando perfeitamente; no dia em que fui devolvê-la à mãe, quis que ela se penteasse sozinha, sem nenhuma ajuda de Bouju, e na hora de sair eu lhe enfeitei as orelhas com uns brinquinhos de um só rubi contornado de doze pequenos diamantes, que eram muito bonitos.

— Bem que eu lhe daria um presente melhor, coraçãozinho, disse-lhe eu, mas depois falaremos disso.

Madame de La Grise ficou encantada; mostrava-a para todo mundo, garantindo, baseada em minhas palavras, que ela se penteara sozinha; com tato, obteve permissão da filha para examinar seus brinquinhos.

— É uma bagatela, disse-lhe eu, que usei quando menina e que não mais me convém.

A generala observou sorrindo:

– Que felicidade para mim, se da senhora condessa a minha filha ganhasse uma coisa assim.
Era oferecê-la. E foi mister que eu a tomasse, pois a isso tinha me comprometido. Levei-a assim para casa, mas tão-só por oito dias; espantou-me a prodigiosa rapidez com que Bouju lhe ensinou a pentear-se.
Era uma pessoinha viva, ardente, que se penteava pela manhã e, ao invés de ir passear, despenteava-se depois do almoço para repentear-se à noite; dormia comigo: eu lhe dava alguns beijos, quando nos deitávamos, e recebia seus delicados afagos, mas não me aventurava a nada com ela. Além de não ser tão atraente quanto mademoiselle de La Grise, julguei-a mais astuta e talvez mais escolada. Nunca iria acreditar, como Agnès, que os bebês são feitos pela orelha. Pensando bem, tinha lá sua graça; eu, se não tivesse visto a outra, talvez até gostasse dela.
Enfim, ao cabo de oito dias, devolvi-a a Bourges, triunfante; sabia se pentear muito bem e acreditava ter ganho uma batalha, por aprender em tão pouco tempo. A mãe compartilhou do triunfo.
Mademoiselle de La Grise admitia ter precisado de um mês para aprender o mesmo.
– Minha bela dama bem sabe como são as coisas, dizia-me ela em particular, mas pouco me importo se todo mundo me achar tola, desde que a senhora não pense assim.
Vieram dizer, dois dias depois, que o senhor intendente chegara a Bourges para a repartição da derrama;

chamava-se monsieur de La Barre, havia sido intendente na Auvergne e mais tarde partiu para a guerra, onde fez belas ações, e se tornou vice-rei do Canadá, onde morreu.

Julguei ser de meu dever e de meu interesse ir vê-lo. Fui vestida muito discretamente, tendo apenas os brincos de diamantes e três ou quatro pintas.

A generala apresentou-me, e ele me recebeu às alturas; já lhe haviam falado a meu respeito.

Três ou quatro dias depois, a generala me comunicou logo cedo que ele deveria vir me ver no dia seguinte, tendo-a convidado para integrar-se ao grupo.

Preparei-lhe uma pequena recepção. Pus nesse dia o vestido mais bonito que eu tinha. Penteei-me com fitas cor de prata e amarelas, pus meus grandes pendentes nas orelhas, um colar de pérolas e uma dúzia de pintas, nada esquecendo da minha toalete.

Ele chegou ao meio-dia, com o general e a esposa e a filha; desde que vi a carruagem na alameda, desci para recebê-lo; os intendentes são os reis da província, nunca é demais render-lhes homenagens.

Pareceu surpreendido com a beleza da casa e a elegância dos móveis. Propus-lhe uma volta pelo jardim, à espera da hora em que nos servissem, e o senhor padre e o cavaleiro d'Hanecourt me ajudaram a fazer as honras.

Meia hora depois, voltamos para casa, e vimos chegarem madame e mademoiselle de La Grise, com o abade de Saint-Siphorien. Pusemo-nos à mesa, a comida era farta e delicada, tudo estava ótimo.

Passamos para o meu gabinete, onde a música se achava a postos. Os músicos, mandei vir de Bourges, e me pus ao cravo para acompanhá-los.

— Mas como assim, disse o senhor intendente, a senhora condessa também toca?

Não respondi senão por três ou quatro peças de Chambonnière, que toquei sozinha, e depois o concerto começou.

Compunham-no um tiple e um baixo de viola, uma tiorba, um violino e o meu cravo; só tocamos peças que tínhamos ensaiado bem. O intendente se mostrou encantado; o concerto durou até às seis da tarde.

Foi proposto um passeio; se antes só fomos até a entrada do parque, andamos agora até a grade dos fundos, de onde já vimos o caminho que eu mandara fazer, fazia pouco, pela beira do riacho. Lá, num recanto, havia cadeiras acolchoadas ao redor de uma grande mesa coberta de frutas da estação; as senhorinhas, não contando com aquilo, ficaram maravilhadas, e comeram muitos pêssegos.

Passeamos por mais de uma hora e meia e, terminada a colação, propus um pouco de teatro para o senhor intendente; eu havia ensinado a mademoiselle de La Grise uma cena de *Polyeucte*.

— Vamos lá, mademoiselle, disse-lhe eu, pegue o chapéu do senhor intendente, que lhe trará boa sorte; você será Sévère, e eu, Pauline.

Começamos; o pobre intendente soltava contínuas exclamações.

– Assisti à Duparc, dizia ele, que nem se aproxima da senhora condessa.

– Bem, senhor intendente, disse-lhe eu, foi o meu primeiro trabalho; minha mãe montou um grupo, com seus vizinhos e vizinhas, e todos os dias representávamos *Cinna*, ou *Polyeucte*, ou alguma outra peça de Corneille. A pequena de La Grise não representou mal. Mas a noite chegava; voltamos ao parque, ainda se avistava o caminho, as carruagens já estavam prontas; todos se foram muito contentes com a recepção que eu lhes dera, e a minha paróquia não se deu mal; não se esqueceu o senhor pároco de ao senhor intendente recomendá-la.

Madame de La Grise, que tinha a mesma necessidade do intendente que eu, quis também dar-lhe uma festa; consultou-me sobre isso, num dia em que a fui ver em Bourges. Aconselhei-a a dar-lhe um jantar e um baile, mas não concerto, nada de novo havia a oferecer.

– Se a senhora quiser, madame, acrescentei rindo, posso bancar a comediante outra vez, pelo bem que lhe tenho. Mademoiselle de La Grise representou muito bem o papel dela.

Ela me disse que precisaria de oito dias para se preparar e que me pediria para eu ir até lá ver a disposição das coisas, numa supervisão.

– Mas a seu lado, madame, a minha filha representava tão mal.

– Pois acho surpreendente, disse-lhe eu, como ela representa tão bem; não lhe dei senão cinco ou seis lições; um outro tanto e estará melhor do que eu; uma nova temporada em Crespon, aliás, viria mesmo a calhar; e ela se reforçaria nos penteados.

— São tantas as bondades de que cumula a minha filha, madame, que temo estar abusando, disse-me madame de La Grise.

E não deixou de chamá-la, perguntando:

— Quer ir passar cinco ou seis dias com a senhora condessa?

A menina, sem responder, correu ao quarto e arrumou sua trouxa, com a qual voltou embaixo do braço.

— Ao que parece, nem liga de me deixar, não é mesmo, filha?

— Querida mãe, respondeu ela, estar com a senhora condessa é uma grande honra.

Cada uma de nós lhe deu um beijo, de tão espirituosa a resposta.

Voltei para casa; foi uma verdadeira alegria, quando a viram; todos gostavam da menina e os criados já haviam notado que eu a amava de todo o coração.

— Mademoiselle, disse-lhe Bouju, veio ainda aprender alguma coisa, não é? Já sabe o frisado, mas não sabe tão bem o esbatido.

Ceamos; já era tarde, morríamos de vontade de ir para a cama; mais agradável do que nunca nos pareceu essa noite; uma breve ausência aguça o apetite.

No dia seguinte, veio-me a ideia de estar sendo ingrato, pois há mais de seis semanas não dava um sinal de vida a monsieur e madame Gaillot; mandei-lhes de imediato minha carruagem, com uma carta na qual os intimava a vir passar dois ou três dias em minha casa, que era deles, onde seriam sempre os donos.

Aceitaram sem delongas, e antes do meio-dia eu já os via chegar; quiseram ficar no dormitório, cujas camas conheciam, e escolheram a melhor.

Fiz todo o possível para agradá-los; após o jantar, fomos dar um passeio; não havia canto do parque que não quisessem ver, e sempre para admirar os acréscimos que eu tinha feito. Finalmente se sentiram exaustos, e mademoiselle de La Grise também; perceberam-no um pouco tarde, pelo que se desculparam comigo.

— Nada mais se vai notar, disse-lhes eu, depois que dormirmos bem.

Terminada a ceia, madame Gaillot fez questão de me pôr na cama.

— Não estou acostumada, disse-lhe eu, a dormir tão cedo, mas não me desagrada deitar-me, vai repousar-me, desde que fiquemos conversando até meia-noite.

Vieram Bouju e Angélique, minha outra criada, que me frisaram, puseram-me papelotes nos cabelos e touca, e uma camisola enfeitada de renda de Alençon; troquei os brincos de diamantes por uns de ouro, pequenininhos, enquanto as minhas pintas caíam por si mesmas, e me enfiei entre dois lençóis.

— Nem todas são como a senhora, disse-me madame Gaillot, e só mesmo sendo tão bela assim para necessitar tão pouco de ajuda externa; seu espelho, que lhe basta, incessantemente lhe diz que a senhora tem tudo em si. Mademoiselle de La Grise estava ao lado, rígida.

– Venha logo, menina, disse-lhe eu, venha deitar-se, você está tão cansada como eu.

Angélique a desvestiu sem demora e ela se pôs no seu canto. Monsieur e madame estavam do outro lado da cama e começavam a me contar uma história acontecida recentemente em Bourges quando eu disse para mademoiselle de La Grise, que estava de cara séria:

– Chegue mais para cá, minha criança; venha me dar boa noite antes de dormir; não queremos deixá-la constrangida.

Ela se aproximou; tomei-a nos braços, fazendo-a passar para o outro lado da cama; ficou de costas, e eu deitado sobre o meu lado esquerdo, com a mão direita no seu peito, nossas pernas entrelaçadas; inclinava-me todo sobre ela para tentar beijá-la.

– Olhe só, disse eu a madame Gaillot, como ela é insensível! Faz-me fazer todo o caminho e não corresponde às amabilidades que faço.

Contudo eu progredia em meus avanços: beijava-lhe a boca, mais vermelha que coral, e ao mesmo tempo dava-lhe prazeres mais sólidos; ela não teve mais forças para se conter e, com um longo suspiro, disse em tom que se elevou:

– Ai, quanto prazer!

– Ah, está desperta, bela senhorinha? disse-lhe monsieur Gaillot.

Ela entendeu ter dito uma tolice.

– Na verdade, disse então, eu morria de frio quando vim para a cama, mas agora está gostoso e estou até com calor.

Não tornei a beijá-la e me pus de costas também.

– Bem veem quanto a amo, disse-lhes eu, mas ela não quer saber de mim.

– Como é possível, replicou madame Gaillot, que não ame tão bela dama?

– Não é verdade, disse a menina, sentando-se na cama, gosto da bela dama de todo o coração.

Ao mesmo tempo, jogou-se a mim de corpo inteiro, beijando-me em transportes que indicavam que era tudo sincero.

– Cada qual em sua vez, disse-lhe eu; ainda há pouco, era você que estava fria como gelo, agora sou eu que vontade tenho de o estar, mas me falta a força.

Dizendo isso, fi-la retomar seu lugar e, a pretexto de beijá-la, retomei a posição conveniente aos nossos verdadeiros prazeres. As pessoas que a eles assistiam aumentavam-nos ainda mais; é muito gostoso enganar os olhos do público.

Depois nos recolocamos, tranquilamente, na cabeceira; tínhamos as cabeças uma ao lado da outra, e nossos corpos juntavam-se ainda mais.

— Meu filho, disse madame Gaillot a seu marido, você já viu dois rostos tão graciosos assim?
— É verdade, disse-lhe eu, que a menina que eu amo é linda.
— E a senhora, madame, não só é linda, mas é linda como um anjo!
Dizendo-nos isso, beijávamo-nos.
— Minha criança é uma gracinha, disse eu a madame Gaillot, mas perto dela eu fico velha, pensem que estou com vinte anos.
E foi assim que a noite se passou; quando as visitas se foram, enfim dormimos.
No dia seguinte o senhor pároco e o cavaleiro d'Hanecourt jantaram conosco; madame Gaillot insistiu comigo para me pôr na cama, como na véspera.
— Não é a mesma coisa, disse-lhe eu, hoje tem muita gente, é preciso fazer mais cerimônia.
Deixei-me no entanto persuadir.
— Não seria por mim, madame, que se sentiria constrangida, disse-me o senhor pároco.
A menina se deitou também e encostou-se em mim, nossas cabeças se tocavam, mas não nos beijamos.
— Hoje, se não se beijam, disse madame Gaillot, então não estão se amando mais?
— O senhor padre, disse eu rindo, talvez não aprovasse.
— Eu, madame? que pode haver de mais inocente? É uma irmã mais velha que beija a sua caçula.

Depois dessa permissão, fiz mademoiselle de La Grise passar, como na véspera, para o lado da cama virado para o quarto[9], onde as pessoas se aglomeravam; ela deitou de costas (sabia muito bem como devia se pôr) e avancei por cima dela para beijá-la.

Foi um beijo prolongado, nunca tínhamos tido tanto prazer assim; ao largar-lhe a boca, de tempos em tempos, eu ajeitava um pouco a cabeça, ao lado da sua, mas em nada mudava a posição dos corpos.

– É a minha mulherzinha, disse eu para o padre.

– E então você é o meu maridinho! exclamou a menina, abrindo os olhos que mantinha há longo tempo fechados.

– De acordo, disse-lhe eu, eu serei seu maridinho e você minha mulherzinha; vamos ver se o senhor padre, que aí está, está de acordo.

– De muito bom grado, disse ele rindo.

– E eu, disse monsieur Gaillot, ofereço-me para alimentar todas as crianças nascidas deste casamento.

Enquanto eles se divertiam, nós duas nos divertíamos mais; eu estava com a minha mulherzinha de novo, beijando-a melhor que nunca; não dizíamos palavra, a não ser, de quando em quando, "Meu maridinho, meu coraçãozinho", soltando uma porção de suspiros.

---

[9] Receber no quarto e ser levado à cama em despedidas eram hábitos comuns. A *petite ruelle*, ou ruazinha menor, era o espaço mais estreito entre a cama e a parede; no mais largo e voltado para o quarto, a *grande ruelle*, punham-se cadeiras para as visitas. (N. do T.)

— Eis então uma questão resolvida, disse madame Gaillot, a senhora condessa está casada; seus admiradores podem ir bater a outra porta.

Dissera isso cheia de malícia, por causa do cavaleiro d'Hanecourt, que não achava o que falar, de tanto rir de tudo que fazíamos.

Em seguida sentamo-nos de novo na cama, com mantilhas puxadas sobre os ombros; estava começando a esfriar. Conversamos animadamente, li para eles minhas cartas de Paris (eles adoram novidades nas províncias) e depois foram todos recolher-se.

Os dias seguintes transcorreram de modo igualmente agradável; sobre o nosso pretenso casamento, era uma risadaria contínua; monsieur e madame Gaillot, voltando a Bourges, contaram para todo mundo; madame de La Grise, quando veio me ver, disse sorrindo:

— Mas como assim, belo senhor, casa-se então com a minha filha, e não me diz?

— Ao menos, madame, disse-lhe eu, foi em boa companhia e em presença do pároco.

— Minha casa, madame, retomou ela, está em ordem; dar-me-ia o prazer de vir dar uma espiada? Hoje é quinta-feira, e o jantar para o senhor intendente é no domingo.

Prometi que iria à casa dela, no dia seguinte, às três da tarde; não deixei de ir, mas não levei mademoiselle de La Grise comigo; disse à mãe que a mandara para a cama, porque estava com uma dorzinha de cabeça, e que domingo iríamos almoçar com ela.

– Assim teremos muito tempo para nos vestir, disse-lhe eu, já que o intendente só virá à sua casa às oito horas da noite.

Achei a casa muito bem arrumada, com um grande cômodo para a criadagem, a alcova de madame de La Grise para o baile (tinham tirado o leito), seu gabinete, que era espaçoso, como recanto que aliviaria bastante a sala de baile, e o quarto de vestir ao nosso dispor.

Aprovei tudo e voltei para Crespon; lá encontrei minha mulherzinha, tão contente como eu.

Restavam-nos três dias para estar juntas, e foram bem empregados, fazendo-nos companhia o padre, todas as noites; o cavaleiro d'Hanecourt, que estava doente, ou fingia estar, não veio; estava um pouco enciumado.

No domingo, após ouvir a missa solene, subi à carruagem com mademoiselle de La Grise e Bouju. Levávamos tudo que seria preciso para nos vestir. Nossos cabelos, frisados na véspera, ainda estavam com os papelotes.

Fizemos rápido o almoço, tal era a vontade que tínhamos de ir cuidar da beleza. Quis porque quis que a primeira a ser penteada por Bouju fosse mademoiselle de La Grise, que seria a rainha do baile.

Quando a vi pronta e penteada, tirei-lhe os brincos de rubis que tinha dado, pondo-lhe nas orelhas, agora, os meus belos pendentes de diamantes; a mãe reclamou, falou que não concordaria, mas eu disse que seria uma descortesia comigo, e o disse com tal força, que ela enfim consentiu. Pus-lhe ainda, nos cabelos, meus alfinetes de diamantes. Eu estava extasiada de a ver assim tão bonita e, de quando em quando, para me consolar, dava-lhe um beijo.

– Mas a senhora assim fica sem nada, madame, disse mademoiselle de La Grise. Bem, é verdade que é linda, nem precisa se enfeitar.

Pus também umas doze ou quinze pintas na minha mulherzinha; as pintas, desde que sejam bem pequenas, nunca são demais.

Eu, de minha parte, estava com um vestido muito bonito, bem penteada, um colar de pérolas, pendentes de rubis nas orelhas; eram falsos, mas tomavam-nos por verdadeiros: como imaginar que a senhora condessa, que possuía tantas pedrarias, se dispusesse a usar joias falsas?

Havia doze damas convidadas para o jantar, e cada qual devia ter o cavaleiro que a conduziria na primeira dança.

Às sete horas, todos tinham chegado. Menos o senhor intendente, que veio às oito; antes de sair o jantar, ficamos no gabinete e, de acordo com o planejado, recitamos duas cenas de *Cinna*; disse-as muito bem a menina, sendo eu tomada por boa mestra, e ela, por boa aluna.

Tinham arrumado, na sala de baile, duas mesas, cada uma com doze lugares e ambas igualmente servidas, pelas quais as damas se distribuíram. O jantar foi excelente.

Às dez e meia, voltamos ao gabinete, enquanto preparavam a sala para o baile e acendiam as velas. O baile começou às onze horas, com a dança principal, uma *courante*, e outras menores depois.

À meia-noite vieram dizer a madame de La Grise que havia uns mascarados à porta pedindo permissão para entrar; a alegria foi geral. Logo apareceram dois grupos, muito elegantes, e os pusemos logo a dançar; um dos mascarados se distinguia ao extremo: usava traje suntuoso, dançava perfeitamente bem e ninguém o reconhecia. Dancei com ele várias vezes, morrendo de vontade de saber quem era, mas nunca ele tirou a máscara. Levei-o enfim ao gabinete e pressionei-o tanto, quando estávamos a sós, que acabou mostrando o rosto, que era do cavaleiro d'Hanecourt.

O galanteio me tocou, confesso; pedi-lhe que não se desmascarasse, se ele tão-só por minha causa viera ao baile; ninguém jamais adivinharia. Naquele traje, tinha posto um ano dos seus rendimentos. Ele porém saiu sem ser notado e regressou à casa.

Dançamos até às quatro horas, e madame de La Grise não admitiu de jeito nenhum que assim tão tarde eu me fosse. Mandou botar lençóis limpos na cama do seu quartinho, onde eu dormi, fazendo ela questão de dormir com a sua filha na cama da criada de quarto.

No dia seguinte voltei para Crespon, onde jantei com o senhor padre e o cavaleiro d'Hanecourt. Com esse, desmanchei-me em amabilidades, tratando-o melhor que de costume; isso lhe deu atrevimento para se abrir com o padre sobre o grande desejo que ele tinha de me oferecer seus serviços. Via em mim uma jovem viúva rica e muito atraente, que de bom grado desposaria.

O padre, que era amigo dele, fez-me a proposta, mas de longe, e rejeitei-a de mais longe ainda.

– Senhor padre, disse-lhe eu, vivo feliz e sou dona das minhas ações, não quero me tornar escrava; reconheço que o cavaleiro é muito amável, eu nunca me furtaria, surgindo a ocasião, a lhe dar prazer, mas nunca me casaria com ele.

Depois disso, disse-lhe o quanto eu lamentava que por amor à minha pessoa o cavaleiro tivesse feito aquele traje tão fino, e lhe dei um saquitel que continha cem luíses de ouro, pedindo-lhe que o deixasse na mesa do cavaleiro, sem ele notar, e adiantando que eu sempre negaria tudo, se viesse me falar a respeito. O padre me disse, louvando minha generosidade, que eu fazia bom uso do dinheiro.

Quando não havia mais que três semanas de carnaval, chegou a Bourges uma troupe de comediantes; logo fiquei sabendo, pela senhora generala, que me convidou para cear depois do espetáculo; não deixei de lá ir e tive muito prazer.

O senhor du Rosan, que fazia o apaixonado, representava o mesmo papel que Floridor, e havia uma menina de quinze ou dezesseis anos, que não fazia senão papéis secundários, mas que percebi ser ótima atriz.

Nas cidades de província, todos os dias tem espetáculo. E era um problema, todas as noites, voltar para Crespon; madame de La Grise me propôs passar o carnaval com ela.

– Para mim não será incômodo, disse-me, porque eu sempre durmo no meu quartinho. Deixo-lhe o grande e, para as suas criadas, um quarto de vestir.

– E mademoiselle de La Grise, perguntei, onde irá dormir?

– Boa pergunta, disse ela rindo: com o marido.

– Aceito, retruquei eu, rindo também.

Durante todo o carnaval, enquanto isso, eu cumpria com o meu dever sem que a menina desconfiasse de nada; vivia na inocência, mas já não era mais o tempo da pequena Montfleury.

No dia seguinte, indo à minha casa, dei ordem para me levarem todos os dias a Bourges uns frangos gordos, dos criados no meu quintal, legumes da horta e frutas de inverno, das quais tinha boa provisão; na cozinha de madame de La Grise tudo foi bem recebido.

Íamos diariamente ao teatro; já no segundo ou terceiro dia mandei chamar du Rosan: disse-lhe que a jovem atriz era capaz de representar os papéis mais destacados.

– É verdade, madame, disse-me ele, mas as nossas primeiras atrizes jamais concordariam com isso, a não ser que a sua autoridade o imponha.

Falei então com o senhor intendente, que cortesmente lhes requereu concordância, e no dia seguinte mademoiselle Roselie (era o nome dela) fez o papel de Chimène no *Cid*, saindo-se muito bem.

A garota me encantava, era linda, e eu nasci para amar comediantes. Chamei-a à minha casa, dei-lhe conselhos.

– Há passagens, lindinha, disse-lhe eu, em que é preciso dizer os versos bem depressa; noutras convém ir devagar; é preciso também mudar de tom, que ora é alto, ora baixo; e meter na cabeça que você é mesmo Chimène, nunca olhar os espectadores, chorar quando for preciso, ou ao menos fingir que chora.

Pus em prática as lições que lhe dava, ensaiando diante dela, e viu que eu era mestra no assunto. Já no dia seguinte percebi, na sua maneira de representar, toques de minha própria mão, pelos quais a tia e a troupe vieram me agradecer.

– É um tesouro, disse-lhes eu, que vocês têm entre vocês e não sabem; talvez venha a ser a melhor atriz deste século.

Os aplausos do público, garantindo-lhes o mesmo, e o aumento da renda, confirmado dia a dia, os persuadiram de vez. Ao se ver princesa, festejada por todos, a menina se maravilhava.

O arcebispo de Bourges chegou por essa época; era da casa de★★★, bom homem, nada metido a sedutor, regrado na conduta, mas que gostava dos prazeres inocentes. A generala levou-me à casa dele; recebeu-me muito bem e falou-me da minha, sobre a qual lhe haviam feito lisonjeira pintura. Prometeu-me ir vê-la, e eu lhe pedi que me desse a honra.

A fim de ter tudo pronto para recebê-lo, fui a Crespon no domingo cedo; meus aposentos estavam muito bem mobiliados, mas mandei que se montasse um verdadeiro teatro, numa sala onde deveria haver mais de cem velas acesas; sem que ele nada soubesse, queria dar uma representação ao bom bispo e, para isso, em segredo, tinha chamado os comediantes.

Ele chegou no domingo às quatro horas, o sol ainda estava forte, mas bastou entrarmos no jardim para que o frio nos mandasse à casa, onde todas as senhoras de Bourges já se encontravam. Conduzi monsenhor à sala de teatro e o fiz sentar-se na poltrona, quase contra sua vontade.

– Estamos no campo, dissemos; são coisas sem consequências.

O espetáculo começou, mudar de ideia ele já não podia; de resto, era *Polyeucte*, uma tragédia santa; ele se tranquilizou.

A pequena Roselie fez Pauline e encantou a todos. O bom arcebispo mandou chamá-la, teve grande vontade de beijá-la, mas não ousou. Eu o fiz por ele: começava a amá-la seriamente e a contemplava como obra minha.

Ao espetáculo seguiu-se o jantar, que foi demorado e bom; bebemos à saúde do arcebispo e, quando voltaram para a cidade, era já meia-noite; somente madame de La Grise e a filha se quedaram comigo.

Eu lhe havia pedido, e para tanto tinha as minhas razões, que cedesse a sua carruagem para levar os comediantes de volta, depois de terem jantado, porque na minha não cabiam todos; em contrapartida, cedi-lhe o leito de minha alcova, mas afinal fui lograda no negócio, pois ela pôs a filha para dormir consigo, e não tive como insistir.

No dia seguinte retornei a Bourges com elas, a pretexto de que ia agradecer ao arcebispo, mas na verdade para ver Roselie, com a grande vontade de a ter em Crespon, sozinha, por três ou quatro dias.

Fui por isso ao teatro, duas horas antes de começar o espetáculo; atores e atrizes vieram agradecer-me, todos muito contentes com Roselie.

Falei à parte com a tia dela; levei-a a ver que não convinha sacrificar a menina, pondo-a todos os dias em cena, e que nos grandes papéis que ela fazia, com quinhentos a seiscentos versos para dizer às vezes, não deveria representar senão, no máximo, duas vezes por semana.

– Deixe-a uns dias comigo, disse-lhe eu; hoje é domingo, trago-a na quinta-feira, e daqui em diante, creia no meu conselho, faça-a representar somente aos domingos e quintas, para dar-lhe descanso. Prometo que a ensaiarei no papel, ela vai se sair ainda melhor.

A mulher me agradeceu muito, e levei a sobrinha para dormir em Crespon.

Há de se crer que ela dormiu comigo. Acariciei-a o quanto pude, quis logo a pôr do mesmo modo que mademoiselle de La Grise, mas ela resistiu.

Era de fato muito casta, como depois vim a saber, sendo porém mais instruída que a de La Grise; uma comediante aos dezesseis anos sabe mais que uma moçoila bem-nascida aos vinte. Apertei-a contra mim, e ela, que me devia obrigações, via o quanto a amava; prometi jamais abandoná-la. Tendo-a toda nos braços, de todo o coração a beijava; nossas bocas não podiam se separar, nossos dois corpos faziam apenas um.

– Confie em mim, eu lhe dizia; veja, coraçãozinho, como eu confio em você; meu segredo, o repouso da minha vida está nas suas mãos.

Ela, sem me dar resposta, suspirava; eu, apertando-a mais e mais, sentia sua resistência amolecendo e redobrava os esforços; chegava àquela espécie de combate onde o vencedor e o vencido disputam a honra do triunfo.

Parecia-me ter ainda mais prazer com ela do que com mademoiselle de La Grise: a distinção e a inocência da primeira eram bem substituídas pelas gentilezas da outra, que tinham todos os encantos da pessoa coquete.

Nosso ligeiro ensaio tornou-se regra de vida; facilmente o prazer levou-a à crença de que eu a amaria para sempre; prodigalizava-me uma tal afeição, que fui obrigada a lhe pedir para moderar sua ternura aos olhos do público, embora nós pudéssemos nos dar às demonstrações mais fortes sem temer maledicência.

Na quinta-feira seguinte, como combinado, levei Roselie de volta a Bourges; acharam-na cada vez melhor em cena.

Fui jantar em casa da generala e mademoiselle de La Grise estava lá, muito abatida e triste; amava-a ainda, embora a jovem comediante já lhe passasse à frente, e perguntei-lhe com amizade o que tinha; ela começou a chorar e se afastou. Depois do jantar falei com ela outra vez.

— Ah, madame, disse-me então, como é capaz de perguntar o que tenho? A senhora não mais me ama, vai dormir em Crespon com Roselie; e ela, se é mais atraente do que eu, não lhe tem porém tanto amor.

Eu a deixava falar, sem saber o que responder, quando sua mãe me chamou ao gabinete, onde me disse que o senhor conde des Goutes pedia-lhe a filha em casamento.

Era um gentil-homem local, com uma renda de oito a dez mil libras; aconselhei-a a não perder o negócio, tanto para me livrar da inoportunidade da moça, quanto porque ela era boa pessoa e também por causa dos meus remorsos. Sempre tivera algum receio de que o pequeno comércio que praticamos ocasionasse um mal resultado, enquanto com Roselie eu ia a toda a brida, sem medo de dar um passo em falso.

Oito dias depois, declarava-se o casamento de mademoiselle de La Grise com o conde des Goutes, e fui a Bourges dar os parabéns.

Senti-me obrigada, por dever de consciência, a dar também alguns conselhos a mademoiselle de La Grise.

— Você vai se casar, minha querida criança, e convém tentar ser feliz, disse-lhe eu. Seu marido é simpático, parece homem muito honrado, gosta de você, mas não estará gostando a todo instante, é preciso saber compreender os seus estados de espírito. Você, que é tão sensata, nunca lhe dê razão de enciumar-se. Pense apenas em agradar seu marido, em manter a casa em ordem e cuidar das crianças, se Deus lhe der a graça de as ter; são a bênção do casamento e o mais doce vínculo entre as pessoas casadas.

"Ouça-me com toda a atenção, minha querida: creio que você bem se lembra das noites felizes que passamos juntas; com o seu marido, lembre-se pois de fazer com consciência, na primeira noite das núpcias, tudo aquilo que fez naturalmente comigo, sem saber o que fazia. Deixe-se instar por longo tempo, defenda-se, chore, grite, a fim de que ele creia ensinar-lhe o que comigo aprendeu; toda a felicidade da sua vida dependerá disso aí. Abro-lhe os olhos desde já, por ser de todo indispensável; não se ponha a sofrer por seu segredo, se estou tão interessado em guardá-lo quanto você."

Começando a coitadinha a chorar, a mãe entrou no gabinete em que estávamos.

– Madame, disse eu, ela chora: é de se louvar seu recato.

A mãe beijou-a.

– Minha filha, disse-lhe, não são poucas as suas obrigações para com a senhora condessa; siga os conselhos que ela lhe der e disfarce um pouco essas lágrimas.

Logo voltamos para o quarto onde os outros todos estavam. No dia seguinte, o próprio arcebispo os casou, e três dias depois os recém-casados foram para as suas terras, a sete léguas de Bourges. Prometi que iria vê-los e cumpri com a palavra, dois meses depois.

Ela já estava grávida; encontrei-a ocupada do marido e do prazer de ter uma casa organizada. Para uma jovem que sai das asas da mãe e começa a dar as ordens, isso é um grande prazer. Pareceu-me que eu não lhe era de todo indiferente ainda, mas nela a virtude fez, por fim, o que a inconstância em mim havia feito.

Depois da Páscoa, o arcebispo foi para Paris, o intendente não estava mais em Bourges, toda a nobreza que lá passara o inverno se foi, cada qual à sua aldeia. Os comediantes, já não ganhando nem mesmo para pagar as candeias, anunciaram a partida.

Roselie chorava noite e dia, com medo de me deixar, e eu estava tão descontente quanto ela. Levei sua tia a Crespon e disse-lhe que pretendia assegurar o sucesso da sobrinha e que, se ela quisesse me dar a moça, dentro de seis meses eu a levaria a Paris e a faria apresentar-se com a troupe do palácio de Bourgogne, garantindo-me sua capacidade, e os meus amigos, que o plano daria certo. Reforcei minha proposta com um saquitel de cem luíses de ouro que pus na mão da boa tia; ela nunca tinha visto tanto dinheiro junto.

— Só mesmo se eu perdesse o juízo, madame, para me opor ao sucesso da sobrinha; fique ela então dada à senhora, e espero que nunca a abandone.

Concluído nosso negócio, voltou ela para Bourges, onde participou ao grupo que já não tinha a tutela da sobrinha, agora ao encargo da senhora condessa. Para eles, foi grande a perda, mas tal é o fado dos comediantes de província: quando algum se destaca, deserta e vai para Paris.

Pouco depois, de fato, du Rosan lhes fez outra igual. Floridor sabia de seu talento e o pressionava há seis meses a ir para Paris. Sendo o chefe de sua troupe, ele amava a pequena Roselie e previa que ela seria um dia boa atriz; isso o retinha; porém, quando me viu ficando com a menina, não hesitou mais, foi oferecer-se ao hôtel de Bourgogne, e o público o recebeu com aclamações.

Desde que os comediantes partiram, voltei para a minha casa e nunca mais fui a Bourges; garantira para mim Roselie, a quem muito amava, e a senhora condessa des Goutes lá se fora ao marido.

Nela aliás eu nem pensava; para mim uma mulher casada já não era mais nada, o sacramento apagava os seus encantos. O senhor padre e o cavaleiro d'Hanecourt nos faziam companhia; esse último, tomando um partido de homem sensato, reduzira-se a ser um dos amigos da casa.

Elevei Roselie bem acima da condição de comediante; fiz-lhe trajes adequados e mandei para Paris quatro dos meus alfinetes de diamantes, que troquei por um belo par de brincos que lhe dei de presente. Nas visitas pela vizinhança, levava-a por toda parte comigo; sua beleza e sua modéstia encantavam a todos.

Deu-me vontade de ir à caça e me vestir de amazona; mandei que à caçadora vestissem Roselie também, e achei-a tão atraente, de peruca e chapéu, que pouco a pouco fui mandando que a vestissem só de rapaz. O cavaleiro ficou uma beleza, e parecia-me assim, como rapaz, amá-lo mais; chamava-o de meu maridinho; chamavam-no por toda parte, a me servir como escudeiro, de jovem conde ou senhor condezinho. Cansada de o ver sempre em peruca, mandei cortar-lhe um pouco o cabelo; sua cabeça era um primor e a tornava ainda mais bela; a peruca envelhece os jovens.

Esse divertimento, que durou sete ou oito meses, era pura inocência; mas infelizmente o senhor condezinho sentiu palpitações, perdeu o apetite e adquiriu o mau hábito de todas as manhãs vomitar.

Desconfiando do que havia acontecido, fi-lo voltar às roupas de menina, mais condizentes com o seu estado atual e mais indicadas para disfarçá-lo; mandei que ela usasse grandes *robes de chambre* sem cintura, e dizia-se que estava doente; as cólicas e as dores de cabeça, sucedendo-se, vieram em nossa ajuda.

A coitadinha chorava muito, mas eu a consolava, garantindo-lhe que nunca a abandonaria. Contou-me que não tinha pai nem mãe, nem sabia de onde vinha; que a tia era uma tia postiça, que apenas se tomara de amizade por ela aos quatro anos. Já não me espantava pois que ma tivesse dado com tal facilidade.

Ao fim de cinco a seis meses, vi claramente que tudo se descobriria em província, e com escândalo. Amando-a tanto como a amava, queria tê-la em mãos de gente habilitada a curá-la de um mal que em si não ameaça, se o desejo de escondê-lo demais não o agravar. Era preciso ir a Paris, onde tudo se esconde facilmente. Recomendei minha casa ao padre e parti na carruagem com Roselie, Bouju e a esposa, indo o cozinheiro a cavalo. Tinha mandado dizer a monsieur Acarel que me alugasse uma casa, com bom jardim, no *faubourg* Saint-Antoine, resolvida que estava a pouco ir à cidade até a menina restabelecer-se.

Desde que lá cheguei, pus Roselie com uma parteira, em cuja casa foi muito bem tratada; todos os dias eu ia vê-la, levando-lhe presentinhos para alegrá-la. Pensando exclusivamente nela, nunca pensava em mim, nem em me embelezar. Usava trajes discretos, e sempre uma touca simples, mas nunca punha brincos nas orelhas nem pintas.

Finalmente Roselie deu à luz uma menininha que fiz criar muito bem e, na idade de dezesseis anos, casei com um gentil-homem com renda de cinco a seis mil libras; hoje ela é muito feliz. Sua mãe, ao cabo de seis semanas, tornou-se mais bela do que nunca, e tornei eu a cuidar da minha própria beleza. Enfeitei-me toda e, com duas damas da vizinhança, fui ao teatro, onde Roselie fez uma entrada de pequeno astro; espantou-se porém muito, e eu também, ao ver du Rosan no palco, fazendo o papel de Maxime em *Cinna*.

Ele, que facilmente nos reconheceu, veio nos ver no camarote. Não cabia em si de contente, e Roselie também não me pareceu desgostosa. Disse-lhe eu onde morava, e consenti com a visita. Já no dia seguinte ele apareceu, sem que parasse de exaltar a beleza da menina; sua paixão tinha renascido.

– Madame, disse-me ele, tenho a fortuna feita; se a tenho só pela metade por ora, digo que logo a terei inteira; uma renda de oito mil libras. Caso-me com Roselie, se a quiser dar-me, e estou certo de que ela, por meu intermédio, feita como é, e se não se esqueceu de dizer versos, será bem recebida pela troupe.

Respondi-lhe que ia falar com ela, que ele voltasse em três ou quatro dias.

Falei com ela na mesma noite, beijando-a de todo o coração.

– Parece-me, disse-lhe eu chorando, que você quer me deixar.

Muito friamente ela respondeu que faria tudo que eu quisesse.

Como isso não me agradou, resolvi casá-la. Fi-la dormir, desde o dia seguinte, num quarto separado; crendo-me com raiva, ela se comoveu; veio ao meu encontro na cama, quando todos já estavam deitados, e me pediu mil perdões.

— Ah, quando eu estiver casada, disse-me ela, madame não mais há de me amar então?

— Não, minha querida criança, uma mulher casada só deve amar seu marido.

Ela começou a chorar e me beijou com tal ternura que a perdoei e imaginei estar ainda em Crespon.

Du Rosan voltou e fez pressão. Eu lhe disse que, como Roselie não dispunha de bens, era preciso ver, antes de qualquer outra coisa, se ela seria bem aceita na troupe.

— Não, madame, nada peço, replicou ele, como homem muito apaixonado; sua própria pessoinha já é um imenso tesouro.

Sem lhe dar ouvidos, disse-lhe que no dia seguinte eu iria ao teatro, que Roselie estaria no meu camarote, muito enfeitada, que ele a fizesse notar por seus companheiros e, depois da peça, viessem eles pedir-me para subir ao palco, quando todos já tivessem saído, para eu fazer a menina declamar alguns versos.

Assim foi feito; representou-se o *Menteur*, Floridor, depois da peça, nos conduziu ao palco e eu, para me divertir, representei com a menina as cenas de *Polyeucte* que já havíamos ensaiado mais de cem vezes juntas.

Os comediantes entraram em êxtase e, sem mais exames, queriam admitir Roselie de imediato, mas eu me opus.

— É preciso, disse-lhes, consultar o público. Anunciem-na, deixem-na representar cinco ou seis vezes, e depois então vejam.

Du Rosan achava tempo demais, e para mim era pouco. Tão logo se fizesse o casamento, teria de renunciar para sempre ao que tanto amava; foi porém a decisão que tomei: não iria impedir que a minha linda criança se estabelecesse, e percebi, além disso, que ela não antipatizava muito com du Rosan.

Ela representou publicamente no teatro do palácio de Bourgogne, e a plateia obrigou-a a interromper-se, desde a primeira vez, à força de seus aplausos. Os comediantes receberam-na em bons termos, assegurando-lhe, já ao entrar, uma participação.

Ela não tinha roupas de teatro, que são caríssimas; dei-lhe assim mil escudos, para que as comprasse, e du Rosan deu-lhe outro tanto. Ele passou a insistir no casamento, que eu ia sempre pospondo; ora era a roupa-branca, ora eram trajes que eu lhe mandava fazer; mas quis que a festa fosse em minha casa.

Enfim chegou o dia fatal. Roselie se casou e nunca mais toquei nela, nem na ponta do dedo. Fiz tudo por minha conta, e cumulei-a de presentes. Em Crespon tinha lhe dado uns brincos que valiam quatro mil francos.

Depois de estar casada a menina, não mais pensei senão em mim, a vontade de ser bela me retomou com furor; mandei fazer trajes magníficos, voltei a usar nas orelhas os meus belos pendentes, que há já três meses não se expunham à luz; as pintas, as fitas, o ar coquete e os trejeitos, nada foi esquecido; eu tinha apenas vinte e três anos, julgava-me ainda amável e queria ser amada.

Ia a todos os espetáculos e a todos os passeios públicos; a tantos fui, enfim, que muitas pessoas me reconheceram e seguiram, para saber onde eu morava. Meus parentes não gostaram de me ver fazer ainda um personagem só perdoado por sua extrema juventude; vieram me ver, e falaram-me tão seriamente sobre o assunto, que resolvi parar com aquelas brincadeiras e fazer longa viagem pela Itália. Uma paixão espanta outra: em Veneza pus-me a jogar; ganhei muito, mas também perdi bastante depois.

Essa atração pelo jogo, que me possuiu, atrapalhou-me a vida. Que feliz seria, se eu sempre tivesse bancado a bela, ainda que fosse feia! O ridículo é preferível à pobreza.

POSFÁCIO

O abade que aprendeu português para falar no Sião

Tudo indica que o abade de Choisy tenha escrito as lembranças de sua singular juventude — as histórias de madame de Sancy e da condessa des Barres com as respectivas namoradinhas — por volta de 1720, quando escrevia também os dois últimos dos onze volumes de sua monumental *História da Igreja*. Caminhando então para os oitenta anos, era um escritor infatigável, incomumente prolífico, decano e membro muito atuante da Academia Francesa, para a qual fora eleito em 1687. Aí tomou assento, nos trinta e oito anos em que foi acadêmico, ao lado de confrades como La Fontaine, Racine, La Bruyère, Boileau, Fontenelle e seu particular amigo Charles Perrault.

Em contraste com as memórias libertinas da mocidade galante, os livros publicados em vida pelo abade seguiram por dois filões: ou bem são livros de fundo religioso, como *Interpretação dos Salmos, com a vida de Davi* (1687), *A vida de Salomão* (1687) ou *Histórias de devoção e moral* (1697), ou bem histórias dos reis da França, de Filipe de Valois a Carlos VI. Seu melhor trabalho de caráter histórico, hoje fonte indispensável ao estudo da época, foi publicado postumamente, em 1727. São as *Memórias para servir à história de Luís XIV*, rei idolatrado pelo abade, que aí se sobreleva como autor por ter sido testemunha ocular de muitos dos fatos acontecidos.

Lançado a apenas dois meses do ingresso na Academia, no ano de 1687, o *Diário da viagem ao Sião* despertou enorme interesse e terá sido essencial para formar seu prestígio. É livro que se lê com agrado, já aplaudido por ser criterioso nas observações etnológicas, e que assume relevo por não alimentar preconceitos, ao mesmo tempo em que exala, nos momentos mais difíceis de uma travessia penosa, insuperável bom humor. Dia a dia, durante a viagem de caravela que se iniciou no porto francês de Brest para chegar a Ayuthia, a antiga capital da atual Tailândia, seis meses e vinte dias depois, o abade descreve o movimento a bordo, e as ondas de desânimo em que a marujada se abate, sem que ele mesmo jamais perca a esperança de levar a cabo a missão, apesar dos perigos e transtornos que a aventura trazia. A bordo, vive feliz. E aproveita as horas de confinamento para tomar lições de tudo: astronomia, geometria, pescaria, marinhagem; assiduamente se dedica a aprender português – resolvido que estava a já chegar ao Sião falando a língua, na época a mais usada no Extremo Oriente para comunicação com europeus.

François-Timoléon de Choisy, nascido em Paris em 16 de agosto de 1644, morreu na mesma cidade em 2 de outubro de 1724. Com a morte, a maior parte de seus manuscritos e numerosos inéditos, entre os quais as memórias dos tempos de travesti, foram legados a um sobrinho-neto, o marquês d'Argenson, com quem ele viveu seus últimos anos, e hoje estão conservados na Bibliothèque de l'Arsenal (há outras grandes coleções de documentos do abade, também em Paris, na Bibliotèque Nationale e nos Archives Nationales).

Em 1735, quase onze anos após a morte do autor, foi impressa em Antuérpia, por Van der Hey, com o título *Histoire de Madame la comtesse des Barres*, a primeira edição de um dos dois longos fragmentos dessas memórias. Edições completas, isto é, incluindo também o outro longo episódio, o que narra as aventuras de madame de Sancy, só surgiram porém no século XIX. Ambas com o mesmo título, *Aventures de l'abbé de Choisy habillé en femme*, primeiramente saiu uma em Paris, em 1862, e depois outra em Bruxelas, em 1880. Com elas fixou-se a tradição de unir as duas histórias num só livro, seguida nas poucas edições em francês, não mais de quatro, que vieram à luz durante o século XX, em 1920, 1923, 1945 e 1966. A presente tradução tomou por base essa última, *Mémoires de l'abbé de Choisy habillé en femme*, com prefácio e notas de Georges Mongrédien, relançada em 2002, e é a primeira em português. Até o levantamento feito pelo mais recente biógrafo do abade de Choisy, Dirk Van der Cruysse, seria também a segunda tradução a existir, precedida apenas da alemã, *Der Abbé de Choisy in Frauenkleider*, de Julia Kirchner, que data de 1969.

Escritas tantos anos depois do acontecido, e floreadas como são por detalhes tão preciosos, que dificilmente a lembrança conservaria na velhice, as memórias do abade como travesti podem por certo gerar dúvidas quanto à autenticidade. São porém abundantes as menções, em cartas e outros textos de contemporâneos seus, ao hábito por ele cultivado, e bem sabido, de se vestir de mulher na mocidade. O marquês d'Argenson, o herdeiro dos papéis, que tinha convivido tão intimamente com o abade, foi dos primeiros a certificar a veracidade dos fatos. A propósito, tanto Van der Cruysse quanto a biógrafa anterior de Choisy, Geneviève Reynes, citam um trecho em que d'Argenson, ao escrever as suas próprias memórias, diz sobre as da condessa des Barres: "Tomarão essa história por totalmente inverossímil; posso porém afiançar que é por demais verdadeira. O velho abade, tanto tempo depois de haver escrito as vidas de Davi e de Salomão, histórias edificantes e a história da Igreja, contava-me ainda com indizível prazer suas loucuras, e eu me espantava de ver aquele homem que tinha a vida repleta de tão estranhos disparates".

Graças à operosidade de sua mãe, mulher ativa e influente na Corte, que foi íntima de Luís XIV, por quem era frequentemente recebida em audiência privada, o jovem Timoléon, em 1663, quando estava com apenas dezenove anos, foi feito abade de Saint-Seine, veneranda abadia beneditina fundada em 534 nas cercanias de Lyon. Nem sequer ele era padre – e estava longe de o vir a ser já no Sião. Mas o título de abade o habilitava a uma renda. Bastou submetê-lo à tonsura, cerimônia em que o bispo, por um corte no cabelo do aspirante, lhe concede o grau mais baixo das chamadas ordens menores, para habilitá-lo à sinecura. Na realidade, Timoléon não saíra da condição de estudante que até 1666 ainda trataria de obter na Sorbonne uma licenciatura em teologia. Por magias da mãe, que o guiou sempre e dele se orgulhava, pôde entretanto avançar muitos passos, tão novo assim e de tão súbito, em relação à própria independência e à sua posição social. A abadia, ao que parece, não era das mais rentáveis. Mas pagaria as necessidades de um jovem, se bem que o jovem, no caso, fosse um grande perdulário, e o respeitoso título de abade, por modesto que soasse, já o tornava alguém no mundo.

Da frase que abre a narrativa das aventuras de madame de Sancy, "Ordena-me a senhora, madame, que eu escreva a história da minha vida", deduzem os choisystas que a destinatária fosse a marquesa de Lambert, velha amiga do abade e quase da mesma idade que ele. Viúva rica aos trinta e nove anos, autora de vários livros, entre os quais um *Tratado da amizade*, um *Da velhice* e *Reflexões sobre as mulheres*, madame de Lambert era uma típica *femme savante* da época, que recebia em seu salão literário, todas as terças-feiras, até morrer, em 1733, a fina flor da intelectualidade parisiense: autores como Montesquieu,

Marivaux ou Houdar de La Motte, aos quais o abade e seu sobrinho-neto, o marquês d'Argenson, costumavam sempre juntar-se. Seria pois a pedido dessa amiga, por ordem sua, no linguajar de cerimônia do introito, que o abade agora tão idoso, a mais de quarenta anos das aventuras passadas, predispôs-se a revivê-las em forma de lembranças escritas. Delas portanto já lhe devia alguma vez ter falado, sendo lícito supor, por depoimentos como o do marquês d'Argenson, que era comum ele discorrer na velhice, pelo menos entre íntimos, sobre seus feitos juvenis de *enfant terrible*.

A posição de Timoléon na família, como o caçula de três irmãos, é que o tornava destinado à teologia como porta de acesso ao clericato. O irmão mais velho e grande herdeiro, Jean-Paul, casou-se com mulher rica e tomou rumo semelhante ao do pai, fazendo-se um funcionário importante, como intendente e conselheiro do rei. O do meio, Pierre de Balleroy, não custou a progredir na carreira militar, graças à proteção do marechal de Turenne, que era amigo da família, e acabou morto em combate. O abade talvez tenha tido irmãs. Porém, como delas quase nada se sabe, supõe-se apenas, pela ausência de registros, que ou foram para conventos ou terão morrido cedo. Nas boas casas, ao menino mais novo, que só por morte do mais velho alcançaria o principal da herança, cabia por tradição preparar-se para vestir um dia a batina. A Timoléon, que tinha recebido esse nome tão masculino, herdado de seu padrinho, primo do pai, e muito raro em francês, coube também a obrigação de arrumar-se para a metamorfose em menina.

Quando o teve, em 16 de agosto de 1644, provavelmente em luxuosa residência contígua ao palácio real do Louvre, sua mãe, Jeanne-Olympe de Choisy, já estava com mais de quarenta anos. Para a era de Luís XIV, quando a mortalidade incontrolada extinguia três quartos dos franceses antes dos quarenta e cinco, uma idade avançada. Preciosa ao pé da letra, cheia de astúcias e finuras, sociabilidade e ambição, segundo os retratos por escrito que lhe fizeram na época, madame de Choisy era de todo modo, quando Timoléon nasceu, uma preciosa em declínio. Com a chegada do filho inesperado, se já começava a murchar, rebrotou. A propósito, escreve o abade nas memórias: "Minha mãe, que tinha grande indulgência comigo, vivia a me arrumar continuamente. Teve-me com mais de quarenta anos; e, como fazia absoluta questão de ainda ser bela, uma criança de oito a nove anos, que ela levava por toda parte, fazia-a parecer ainda jovem".

O comentário que aqui se desenvolve pretende apenas expor, e não propor explicações para as circunstâncias de um fato – o fato literário que são os textos do abade. Mas é impossível resistir ao impulso de assinalar certas coincidências. Timoléon, quando se transformava em mulher, vivia a arrumar continuamente as suas belas meninas, que levava por toda parte, repetindo os gestos maternos e disso extraindo um inexcedível prazer. É no vestir-se e no vestir as amadas que ele mais se deleita na composição de seus textos, onde as roupas, as fitas, os diamantes, as perucas e as toucas ocupam mais espaço do que as carícias e os beijos. É como se, com seu talento teatral, que tanto gostava de exercitar, ele fizesse das meninas, arrumando-as como tinha sido arrumado até bem grande, os quadros vivos de sua representação. Na velhice, se já gostava de tocar no assunto com amigos, imagine-se o deleite que lhe seria possível quando ressuscitava em palavras, vestindo-o então com as roupagens do estilo, o séquito sensual de namoradas das suas duas madames. Em particular, mademoiselle de La Grise, que aprendia a se pentear aprendendo coisas mais úteis; Roselie, que se tornou excelente declamadora de Corneille e engravidou sem querer; mademoiselle Charlotte, que só andava de rapaz pela casa e se vestiu elegantemente de noivo para se casar com festança, e a pequena e desvalida Babet, que mudou de nome para viver um grande sonho mas acabou no convento.

Obtemos elementos formais para compor um quadro, quando lemos confissões desse gênero, e talvez até possamos visualizar os cenários. Mas é comum que se malogre o esforço para saber quem nos fala, para construir um rosto e um corpo partindo apenas de um texto, para dar ao autobiógrafo, cujas pistas se embaralham, uma firme e regular consistência como tipo. Em casos extremos, como o do abade, que em uma vida viveu várias, como seguidamente ele fez questão de lembrar, as dificuldades de apreensão do personagem redobram. Se dele ambicionarmos uma visão psicológica, um instantâneo que o faça estar presente como personalidade atuante, o melhor meio de abordagem será seguir seu olhar, ou seja, observar detidamente o que lhe chama a atenção. Às roupas de mulher, que trata com veneração e lascívia, o abade agrega sua adoração pelo brilho: dos pendentes e alfinetes, dos anéis e pedrarias, das baixelas de prata e dos brocados. Na vida civil, ao envolver-se na partilha dos bens da mãe recém-falecida, deixa muito aos irmãos, desde que lhe deixem as joias que ele agora pode usar e depois, em sucessivos rasgos de desprendimento, fará aparecer nas meninas que hão de brilhar a seu lado como obra sua. Na encenação dos outros papéis, ou na vida dos sonhos que ele realiza, esse fascínio pelo esplendor ao derredor se mantém. Quando madame de Sancy, paramentada em damasco, tafetá e veludo, recebe seus vizinhos para um primeiro jantar, o primeiro que se descreve ao leitor, a reunião começa na biblioteca, que está toda iluminada e é um lugar cintilante, com "um lustre de cristal, vários espelhos, mesas de mármore, quadros, porcelanas". Muitos anos depois disso, era um abade calejado, que tinha estado quase à morte, que tinha sido perseguido por credores, o missionário que ia a bordo do *Oiseau* singrando para o Oriente. Antes, o fausto. Agora, a insegurança, a balbúrdia, o desconforto de uma caravela. Nem aí entretanto a sedução pelo brilho diminuiria: em alto-mar, imerso nos mistérios da noite, ele agora tomava, com um jesuíta que era astrônomo, "lições de estrelas". Fossem de que gênero fossem, as crianças, quando Timoléon nasceu, vestiam-se praticamente iguais. Todas seriam vistas, em princípio, como simples protótipos assexuados. Somente por volta dos oito anos os garotos começavam a se distinguir das meninas por outras roupas. Com o abade porém não foi o caso, como ele mesmo nos comunica em detalhes, pois desde cedo começaram também a intervir em seu corpo, para impedir o nascimento da barba e altear-lhe o peito por busto. Nas *Memórias para servir ao reino de Luís XIV*, onde fala de si a três por dois, ele afirma que foi submetido, por claras razões de interesse político, a um processo de feminização planejada.

A trama soa diabólica, mas o diabo, nos salões e porões da realeza, fazia muitas das suas. Por um plano atribuído ao cardeal Mazarin, que era o homem forte da rainha regente, Filipe d'Orleans, o irmão mais novo de Luís XIV, tratado apenas, como rezava a tradição do trono, de Monsieur, vinha sendo criado e vestido como menina, circunscrito à companhia de mulheres e deliberadamente treinado em ocupações femininas. Se o plano desse certo, como deu, o pequeno príncipe, amolecido por uma vida de prazeres, jamais cobiçaria o lugar do irmão; viveria, como de fato viveu, voltado para os seus amores; não participaria de complôs nem de golpes, indiferente à virilidade suposta do poder.

Querendo agradar ao cardeal, e não querendo perder a ocasião que lhe vinha das tramas palacianas, madame de Choisy adaptou esse plano à própria casa. Feminizou Timoléon, para obter de seu filho, o trunfo que tinha em mãos, o companheiro mais perfeito possível para o irmãzinho do rei, que era apenas quatro anos mais velho do que o futuro abade. Esse se refere assim ao assunto: "Vestiam-me de menina todas as vezes que o pequeno Monsieur vinha à nossa casa, e ele aí vinha pelo menos duas ou três vezes por semana. Eu, já de orelhas furadas, usava diamantes e pintas e todas essas afetaçõezinhas às quais a gente tão facilmente se acostuma e das quais dificilmente se desfaz. Monsieur, que também gostava disso, desmanchava-se sempre em amabilidades comigo. Tão logo chegava, seguido pelas sobrinhas do cardeal Mazarin e algumas damas da rainha, punham-no para fazer a toalete e penteá-lo. Ele usava um corpete (que era bordado), para manter-lhe o talhe, e tiravam seu gibão para enfiar-lhe saias e mantôs de mulher. Tudo aquilo era feito, segundo se dizia, por ordem do cardeal, que queria torná-lo efeminado para evitar que ele viesse a causar desgosto ao rei, como Gastão [o duque d'Orleans, irmão mais novo do rei anterior] tinha causado a Luís XIII". A seguir, ao referir-se a uma menina do grupo, que era a seu ver muito bonita, o abade faz esta ressalva: "Por mais bonita que fosse, as damas da rainha me preferiam a ela; sem dúvida percebiam em mim, apesar das minhas toucas e saias, algo de masculino".

Quando o abade demonstra, nas memórias de madame de Sancy e da condessa des Barres, suas possibilidades em música, teatro, dança, ou nas artes de vestir-se e receber convidados, reporta-nos à esmerada educação feminina que a mãe lhe deu. Mas madame de Choisy, no que se mostrou previdente, deu-lhe também preceptores que despertaram sua atração por história, filosofia, línguas. Valendo-se da precocidade que revelava nas letras, a mãe, missivista compulsiva, ditava cartas e mais cartas que aos dez anos Timoléon já escrevia no mais distinto francês. O pequeno secretário, enquanto isso, se iniciava nas artes da política, no segredo dos conluios, porque as cartas se dirigiam ao centro do poder – iam para rainhas, a da Polônia, a da Suécia, para princesas de várias partes da Europa, todas amigas da correspondente, e muitas vezes aos mandantes da hora. Assim, se por um lado Timoléon se fixou no hábito de se vestir de mulher para causar frenesi, por outro a obrigação de redigir para a mãe parece tê-lo viciado no prazer de escrever. Mesmo para a época, que foi prolífica em publicações em Paris, a quantidade de livros que o abade deixou, contados às dezenas, é enorme. A mãe, compulsiva também nas cartas de baralho, deixou-lhe por sua vez outra coisa: a paixão pelo jogo, que para ambos foi fatídica.

 A fase das travessuras galantes termina no final de 1674, quando ele diz ter perdido tudo no jogo, somas enormes, todo o dinheiro, as joias, a casa do *faubourg* Saint-Marceau, e voltado para o apartamento da família no palácio de Luxembourg. Para sanar seus dissabores, outra modesta sinecura vem porém socorrê-lo na emergência: no ano seguinte ele é feito prior da freguesia de Saint-Lô em Rouen. Em agosto de 1676, sem mais nem menos, parte para Roma, como conclavista ou secretário do cardeal de Bouillon, seu grande amigo e protetor, que participou da eleição do novo papa, Inocêncio XI. A pompa de todo o evento, culminando em outubro com a coroação do pontífice, impressiona o abade, então com trinta e dois anos, que muito honrado nos descreve ter sido ele o primeiro, no próprio dia da eleição, a beijar os pés de Inocêncio.

Extremadas e bruscas, essas mudanças desorientam quem as segue. Não há como enquadrar uma pessoa que, mal surgiu numa aparência, logo ressurge sob outra totalmente diversa. Quanto mais a retratamos em esboço sumário, mais se firma todavia a impressão de que a existência convoluta do abade, sobretudo nos primórdios, é uma sinfonia barroca. Seu amor, com os cuidados de artista com que o trata, é difuso e suntuoso: brilha e rebrilha e requer o gosto da máscara, o prazer do disfarce, a ilusão do *trompe-l'oeil*. Faz pensar naqueles quadros de Watteau ou Boucher em que a vida se oferece como pura volúpia. Mas mesmo aí, estando em causa o abade transformista, é preciso ter cautela e registrar diferenças: as mulheres que o atraíram não têm a rubra opulência das pintadas por Rubens, que os franceses imitavam e correspondiam mais de perto aos padrões de beleza então em voga. Não; para a completa subversão de papéis levada à prática, sua atenção se concentrava nas meninas magrinhas, ainda parecidas com garotos imberbes, que pediam por fora para ser buriladas, mas por dentro já explodiam de sensualidade inocente.

Posto o papa em seu trono, o cardeal de Bouillon retorna à França. O operoso assessor que o acompanhara permanece por mais tempo em Roma e depois vai a Veneza, voltando a frequentar casas de jogo. A essa altura há um longo hiato nas memórias e nas informações disponíveis. Ninguém sabe exatamente o que ele fez pela Itália, além de arriscar a sorte, manter-se longe dos credores e aprender a língua local. No estudo dessa língua, que dentro em breve há de servir a um primeiro trabalho, foi decerto auxiliado pelo latim da Igreja, cujo domínio já o levara, em 1666, à aprovação final na Sorbonne.

Em 1678 o abade está de novo em Paris. Quatro anos mais tarde, em julho de 1682, ei-lo que se inicia na carreira literária com a publicação do livro *História da guerra da Holanda*, por ele traduzido do original italiano de Primi Visconti. Liga-se mais estreitamente, nessa época, a outro de seus grandes amigos de geração, Louis Courcillon, o abade de Dangeau, que meses antes havia sido eleito para a Academia Francesa. Ex-protestante convertido ao catolicismo por Bossuet, Dangeau foi quem mais influiu sobre o abade ao sedimentar-se sua opção pelas letras, sendo também quem mais o ajudaria depois a se tornar acadêmico. O *Diário da viagem ao Sião* será escrito como uma espécie de relatório a esse amigo, dando-lhe conta das agruras no mar e dos deslumbramentos em terra, quando afinal o Oriente for alcançado.

Como o diário é entrecortado de reflexões sobre a vida, às quais às vezes se misturam reminiscências pessoais, é nele mesmo que se encontra o registro, com datação criteriosa, da crise transfiguradora por que o abade passou, às portas dos quarenta anos de idade. Em 3 de agosto de 1683, achando-se ele em casa de Dangeau para uma simples visita, foi acometido de um mal súbito e nunca identificado que quase o levou à morte. Médicos chamados às pressas sangram-no copiosamente e fazem-no tomar os mais potentes antifebris de que dispunham. Entretanto a doença se agrava e o deixa de tal modo prostrado, em ritmo tão alarmante, que três dias depois o abade recebe a extrema-unção.

Salvo, como crê, por milagre, ele assim resumiria seu sofrimento e transtorno: "Vi-me deitado numa cama, cercado de padres, no meio de círios fúnebres, meus parentes tristes, os médicos aturdidos, todos os rostos me anunciando o instante final de minha eternidade. Ah, quem poderia dizer o que pensei nesse momento terrível; pois, se o meu corpo estava abatido, se sangue nas veias eu já quase não tinha, meu espírito porém se achava livre e a cabeça mais solta. Vi assim, ou cri ter visto, o céu e o inferno; vi esse Deus tão temível sobre um trono de luz, rodeado de seus anjos. Parecia-me que ele me pedia contas de todas as ações da minha vida. Ao mesmo tempo, eu via os abismos abertos, prestes a me engolir, os demônios prestes a me devorar, o fogo eterno destinado à punição dos meus crimes". No desenrolar desse trecho, ao reluzente trono divino e ao fogo abissal do inferno ligam-se ainda sucessivas imagens carregadas de igual ideia de brilho, como a comprovar que a tendência a se empolgar com fulgores era realmente um traço de sua personalidade hipotética. "A alma quase desprendida do corpo", garante o abade, "recebe novas luzes". Assim, tendo ouvido os médicos dizerem que dentro de duas horas estaria morto, é nesse desesperador ambiente de luminosidade extraterrena que ele decide converter-se e renegar seu passado de prazeres mundanos, caso a misericórdia de Deus ainda se dispusesse a bafejá-lo de vida. "O espírito em repouso", acrescenta, "contribuiu tanto quanto a quina, e até mais, para a minha cura..."

Outra metamorfose então ocorre nessa desconcertante existência. O trecho acima faz parte dos *Quatro diálogos sobre a imortalidade da alma, sobre a existência de Deus, sobre a Providência e sobre a religião*, livro assinado por Choisy em coautoria com seu amigo Dangeau, que se acabou de imprimir em Paris em 15 de junho de 1684. Utilizadas como vinhetas, quatro gravuras em metal de Sébastien Leclerc, que ilustravam o pequeno volume, representam os dois abades conversando em quatro diferentes cenários e, apesar de muito imprecisas, são as melhores imagens da pessoa de Choisy conhecidas. O livro, que provavelmente já estava em andamento quando da repentina doença, foi acrescido de novas reflexões posteriores à convalescença, girando seu conteúdo, em síntese, sobre a aceitação do catolicismo. Só portanto na metade da vida François-Timoléon de Choisy, que já dispunha de títulos eclesiásticos, que era abade, prior, teólogo, que havia sido conclavista em Roma e lá beijara os pés do papa, finalmente se considera convertido aos mandamentos da Igreja. Além da crise ocasionada pela ameaça de morte, a influência de Dangeau, que desde então ele trata como mestre, teve peso decisivo nessa conversão do letrado que, se antes se dera à vida frívola, desperdiçando recursos e energia, torna-se agora, ao se tornar autor impresso, um cristão ardoroso e circunspecto.

Os *Quatro diálogos* fizeram sucesso, com duas reedições no mesmo ano, e provocaram controvérsias, que ainda hoje perduram, sobre as partes correspondentes a cada um dos autores. Quando vêm à luz, o novo homem produzido pela doença quase fatal considera-se imbuído de nova e árdua tarefa. Ele agora reside no seminário das Missões Estrangeiras, organização que já funcionava em Paris há duas décadas com o objetivo central de evangelizar a Pérsia e o Extremo Oriente. No prefácio redigido para os *Quatro diálogos*, diz esperar que o livro sirva "à conversão desses povos bárbaros e idólatras", após ter dito que só recentemente ele ficara sabendo desses "homens apostólicos que se consagraram à propagação da fé e que, sem temer os perigos, o martírio e a morte, preparam-se a atravessar todos os mares para levar o Evangelho a todas as partes do mundo". Recolhido ao seminário, a fim de aí se modelar pelo exemplo dos missionários cristãos, nosso abade redivivo, que há tantos anos recebia os benefícios do altar, resolve então dedicar-se a trabalhar pela Igreja, preparando-se para ser ordenado padre.

Em dezembro de 1684, quando o livro sobre sua conversão por Dangeau já circulava há uns seis meses, casualmente ele veio a saber que Luís XIV mandara organizar uma missão diplomática que enviaria ao Sião. O rei da França pretendia, com isso, retribuir uma visita que emissários siameses, pouco antes, haviam feito à sua corte, e não só: motivado por informações procedentes dos primeiros missionários franceses já atuantes no longínquo país, pretendia também converter o rei do Sião, que a isso talvez se dispusesse. Convertido o rei, dizia o falso raciocínio, todo o seu povo se uniria à religião do Ocidente.

Primeiro país europeu a desembarcar no Sião, no começo do século XVI, Portugal lá deixara, além de ativos missionários, muitas levas de aventureiros e mercadores de tudo que aos poucos foram se integrando, não raro por casamento, a viver entre os siameses. Ao mesmo tempo, de lá os portugueses trouxeram minuciosas descrições fabulosas sobre as riquezas locais. Atraídos por elas, ingleses e holandeses, desde os anos iniciais do século XVII, já se achavam instalados nas cercanias de Ayuthia. Claro está que Luís XIV, ao preparar sua embaixada, seguia a praxe da época entre os vizinhos da Europa, usando a religião como escudo para fincar as armas do colonialismo em terras que não lhe pertenciam. Como Choisy anotou em seu diário, o Sião, nome dado pelos portugueses, era uma terra tranquila, rica e exuberante. Nadava em ouro na decoração dos pagodes, tinha diamantes e pérolas, arroz, marfim, tabaco, cana-de-açúcar, frutas, estanho, algodão, madeiras, resinas, especiarias. Tinha elefantes e rinocerontes e, graças à tradição do budismo que imperava, era rico também em tolerância. "Nesse país favorecido", resumiu Maurice Garçon ao comentar o diário, "todas as opiniões e todas as crenças eram livres", porque Phra Narai, o rei siamês que se correspondeu com o da França, era um monarca esclarecido.

Após a visita dos emissários de Phra Narai a Paris, o sempre lúcido e irônico La Bruyère, nascido exatamente um ano depois de Choisy, legou-nos este testemunho de época, que está nos seus *Caracteres*: "Se nos garantissem que o motivo secreto da missão diplomática dos siameses fosse estimular nosso rei muito cristão a renunciar ao cristianismo e a permitir que em seu reino entrassem bonzos, os quais penetrariam então nas nossas casas para incutir sua religião nas mulheres, nas crianças e em nós mesmos, por intermédio de seus livros e pregações, bonzos que no meio das cidades construiriam pagodes onde colocariam imagens de metal para serem adoradas, com que risadarias e com que estranho desprezo não ouviríamos falar de coisas tão extravagantes! Entretanto nós transpomos seis mil léguas marítimas para a conversão das Índias, dos reinos do Sião, da China e do Japão, isto é, para fazer a todos esses povos, na maior seriedade, propostas que a eles devem parecer muito loucas e ridículas".

Timoléon, agora cheio de puro ardor apostólico, seguramente não compartilhava dessa visão hipercrítica. Sendo "fino, prudente, misterioso, alambicado", segundo a caricatura dele feita, em outra passagem, sob o nome de Théodote, por seu futuro confrade La Bruyère, que lhe atribui modos de "jovem preciosa" e dele visivelmente não gostava, o abade salvo por milagre, assim que soube da missão ao Sião, sonhou em ser ele mesmo o embaixador de seu rei, que tanto amava. E não se limitou a sonhar: de imediato foi à luta, recorrendo ao cardeal de Bouillon, que sempre o protegeu como pôde, para obter a indicação. Mas seu pedido chegou tarde. Ao recebê-lo, o ministro responsável informa que o embaixador já estava nomeado há dois dias – seria o cavaleiro de Chaumont, tido por ser audaz e íntegro.

Choisy, inventivo e obstinado, não se dá por vencido ante a recusa. Suscita argumentos ponderáveis e insiste: o cavaleiro era da espada, não da cruz; por conseguinte não seria o melhor, nada sabendo de religião, para trazer os siameses idólatras à fé de Cristo e de Roma. Além disso, como a viagem era incerta e arriscada, se ele viesse a morrer antes do fim, quem levaria a cabo a missão? Com tantos fala e tanto insiste o abade, e sua força de persuasão é tão grande, que Luís XIV acaba por lhe arrumar uma vaga no navio real, nomeando-o coadjutor do embaixador, função que nunca havia existido na diplomacia francesa, mas foi criada especialmente para ele, que assim a designou ao pleiteá-la.

Altos e pormenorizados sonhos nutria então Choisy, que queria levar consigo um pintor, um astrônomo, um cirurgião, um químico, disposto a dissecar o Sião e a por lá disseminar, como os jesuítas franceses vinham fazendo na China, os mais recentes progressos da ciência europeia. Porém o rei, se lhe deu lugar a bordo do navio aparelhado às carreiras, negou-lhe a verba requerida para financiar tantos planos. O abade poderia embarcar, mas teria de ir à sua custa e sozinho, sem nada receber do tesouro pelas tarefas que voluntariamente assumia. Houve um corre-corre à família, que não quis saber de ajudá-lo. Endividado até a alma, claro indício de que nem a conversão recém-feita o afastara de vez da jogatina, vício que devoraria afinal tudo que ainda herdou, ele não teve outra saída a não ser endividar-se ainda mais: pegou com um grande usurário, nas vésperas do embarque, um empréstimo obtido sob condições escorchantes.

Em 3 de março de 1685, a embaixada de Luís XIV ao Sião partiu de Brest. Na mesma data Choisy deu início a seu diário de bordo, que seria escrupulosamente mantido, sem a falta de um só dia, até 18 de junho de 1686, quando atracaram de regresso ao mesmo porto as duas embarcações que conduziram os emissários franceses: o *Oiseau*, navio grande, no qual viajavam o embaixador e seu coadjutor, e a *Maligne*, uma fragata de apoio, ambas de guerra e pertencentes à esquadra real. Desde os primeiros ventos que as levam, o abade vibra de emoção, e dois dias depois já se refere aos planos de estudo concebidos para preencher suas horas: "Aprenderemos português e astronomia", escreve ele em 5 de março. Além de um grupo de missionários destinado ao Sião, iam também no *Oiseau* seis jesuítas franceses – todos com bons conhecimentos das mais distintas matérias, versados uns em medicina e desenho, outros em matemática, cartografia, astronomia, várias línguas – que, armados de telescópios e outras invenções europeias, continuariam depois por terra para tentar consolidar sua presença na China, onde as novidades levadas causariam de fato sensação. Um desses jesuítas, frei Visdelou, foi quem mais se encarregou de iniciar Choisy em nossa língua. Já sabendo latim e italiano, e dispondo da longa inação a bordo para estudar com paciência e proveito, não custou ele a fazer grandes avanços. A menos de dois meses no mar, em 23 de abril pôde anotar que "fluentemente se lê em português", acrescendo à afirmação a primeira das muitas frases que em português ainda canhestro ele escreveu no diário: *e se Deos for servido, em pouco tempo falerase* (ou, ao que parece, falar-se-á). Uma semana depois, em 30 de abril, a esperança se cumpre, como se vê pelo registro: "Esta noite, bem ou mal, começamos a falar português. Primeiro vamos só arranhá-lo; mas, de tanto malhar o ferro, acabaremos polindo-o. De véspera escolhemos um tema e, lendo o dicionário, a ele damos preparo;

procuramos palavras portuguesas, ora sobre estrelas, ora sobre marinhagem, hoje sobre história, amanhã sobre geografia, e assim, aprendendo português, aprendemos ainda uma outra coisa qualquer".

Em 18 de maio, o aprendizado ia tão bem que o abade diz já estar traduzindo uma história portuguesa da Etiópia oriental. Não dá o título da obra, é verdade, nem o nome do autor. Em compensação, a empreitada lhe serve de pretexto para fazer esta observação sempre útil aos tradutores de ofício: "Quando leio um livro simplesmente a fim de entendê-lo, ligo-me apenas nas palavras; mas é preciso que eu me ligue nas frases, se quiser traduzi-lo. Cada língua tem os seus modos de dizer. E, se eu traduzir palavra por palavra, disso resultará uma linguagem ridícula. É preciso que eu encontre um jeito francês que corresponda ao jeito português; caso de fato o encontre, é encontrando-o que percebo, tanto quanto ao meu alcance, a delicadeza das duas línguas".

O *Oiseau* se transformava, com os dois grupos de religiosos a bordo, em um convento flutuante a céu aberto. Todos os dias alguém dizia missa e pregão, alternando-se os jesuítas e os missionários no púlpito. O abade anota, comenta, elogia os pregões. As tormentas são terríveis, e a proteção de Deus é indispensável. Tudo lhe desperta interesse. Em 21 de maio ele desce até o porão do navio, que "é uma vasta região: aqui os carneiros, acolá os porcos; a água de um lado, o vinho do outro". Tinham assim a carne fresca e ovos de galinha, mas faltavam frutas e verduras. Já havia muitos marinheiros com escorbuto, e muitos morrerão na viagem. Em 26 de maio, ante a demora para o Cabo da Boa Esperança, a primeira grande escala, onde enfim reabastecer e respirar, "todos se desesperam: ah, nunca chegaremos ao Cabo, nunca chegaremos ao Sião este ano! Mas eu lhes digo que tudo vai dar certo. Se nós não chegarmos ao Sião, passaremos o inverno em Surata, em Bantam, em alguma bela região: nós, que nos damos tão bem, ficaremos mais tempo juntos; e eu saberei mais siamês".

Estudar siamês, a partir de maio, foi determinação que o embaixador lhe fez, dizendo-lhe que seria ótimo poder tratar com o rei do Sião em *tête-à-tête*. O abade se entusiasma com a ideia. Levado por ela, imagina-se em suntuoso gabinete, a conversar a sós com Phra Narai; e a ingênua fantasia o incentiva ao estudo. Na realidade o siamês não lhe serviu para nada, nem nunca passou de uns rudimentos. Mas o português ele usou desde a parada breve no Cabo, como também, quando chegaram ao destino, em diferentes contatos em Ayuthia. No Cabo, após visitar o comissário geral dos holandeses, que o recebeu amavelmente, o abade registrou em 5 de junho: "Ele falava português e eu francês: não tínhamos necessidade de intérprete".

Chegar ao Sião, depois de quase sete meses a bordo; contornar um colar de ilhas; entrar com as duas caravelas pelo rio que leva à capital; ser saudado com tiros de canhão pelos navios que cruzam; notar que o rio vai ficando coalhado de embarcações siamesas, todas ornamentadas, que ali estão para recebê-los; notar que o número de embarcações aumenta à medida que se aproximam da cidade e as cerimônias aquáticas vão se tornando mais ricas e solenes; constatar que em Ayuthia "as ruas são alamedas de água doce corrente, a perder de vista, sob frondosas árvores" – tudo isso, essa profusa sucessão de encantos, é pontualmente registrado. O abade não se contém. Por toda parte o esplendor é tal que a missão ao Sião lhe permite sua realização mais completa, é o coroamento de sua vocação ao barroco. Há pedrarias e ouro, maravilhas a cada instante, nos pagodes, nos palácios e até mesmo na embaixada francesa: a carta de Luís XIV a Phra Narai, que lhe coube carregar a certa altura, antes de passá-la ao embaixador que a entregou, ia "numa caixa de ouro, e essa caixa numa taça de ouro, e a taça num prato também de ouro". É em 18 de outubro que ocorre o ritual da entrega. Num palanquim dourado, à frente de inacabável procissão de autoridades e suspenso nos ombros de dez homens, o embaixador é conduzido ao palácio. "Eu o seguia", anota o coadjutor todo prosa, "num palanquim levado por oito homens; jamais me vira em festa semelhante; achei que eu tinha me tornado papa".

Tornou-se, isto sim, mal voltou para sua terra, são e salvo, cheio de tantas novidades e, para acrescer ao pitoresco, finalmente ordenado padre no bispado de Ayuthia, um escritor de carreira meteórica. A volta ocorreu em 18 de junho de 1686. Em 2 de maio de 1687, sai em

Paris o *Diário da viagem ao Sião*, que logo tem duas reimpressões; em 17 de julho do mesmo ano, Choisy é eleito facilmente para a Academia Francesa. Antes de o ano terminar, publica ainda mais dois livros, *A vida de Salomão* e *Pensamentos cristãos*, e nessa linha de altíssima produtividade continua até a velhice. Em fevereiro de 1695, destoando da orientação religiosa das obras então lançadas, entre as quais uma nova tradução da *Imitação de Cristo*, sai no *Mercure Galant*, sem indicação de autoria, o conto intitulado "História da marquesa-marquês de Baneville", que ora é atribuído a Choisy, ora a uma colaboração entre ele e seu amigo Charles Perrault. É quase um conto-da-carochinha, a bem dizer, com uma trama amorosa decorrente de um travestismo duplo. Rapaz criado como moça se apaixona por moça criada como rapaz. Depois de muitas peripécias, assim se casam, com seus papéis sempre trocados, e só descobrem e recuperam as verdadeiras identidades na cama, durante a noite de núpcias. Dando tudo muito certo, retira-se o casal à província, onde procria e vive em paz no seu herdado castelo. Ambos, é claro, são maravilhosos. Já o conto, embora tolo, é curioso por trazer um prenúncio das histórias verídicas de madame de Sancy e da condessa des Barres, que o abade só iria escrever perto da morte, mais de vinte anos depois da ficção açucarada sobre a marquesa-marquês. Esse caráter de veracidade é que dá aos relatos das folias barrocas um interesse único. No teatro, para causar efeitos cômicos, o travestismo já tinha tradição bem formada. Em textos de ficção, daí para a frente, apareceria com relativa frequência na literatura europeia.

Um exemplo, no século XIX, é o romance *Mademoiselle de Maupin*, do poeta romântico Théophile Gautier, que o publicou causando escândalo, aos vinte e quatro anos, em 1835. Aqui, em relação aos textos de Choisy, a situação está invertida: é uma mulher que se faz passar por homem o personagem central. Nessa mudança porém há uma estratégia política. Ao usar roupas masculinas e viver entre os homens como igual, o que ela quer é se infiltrar, para saber o que eles pensam, como agem, do que se fazem capazes em relação às mulheres. Romance que é mais um manifesto pela condição feminina, cuja sujeição denuncia, e a poesia da vida, que celebra em arroubos, a obra de Gautier se baseia numa pessoa real, da época de Choisy: Madeleine de Maupin, bela e audaciosa, de quem muito se falou, no final do século XVII, por vestir-se de homem, ter domínio das armas, bater-se eventualmente em duelo e despertar paixões em mulheres, às quais corresponderia. No palco da Ópera de Paris, pois ela, além do mais, era ator, teria feito retumbante sucesso no papel de Tancredo.

Em Londres, em meados do século XVIII, a vida social foi sacudida pelo fenômeno das *masquerades*, que se reflete em vários livros da época, de autores como Fielding, Richardson ou Fanny Burney. Organizados por empresários dinâmicos, com entradas à venda e propaganda nas ruas, como parte do mundo do entretenimento que o capitalismo começava a criar, esses bailes de máscaras atraíam multidões e foram muito hostilizados pelos conservadores. Temia-se a derrubada do decoro, ou seja, o que de fato as *masquerades* faziam, por serem válvulas de escape para a repressão dominante. Nelas se usavam fantasias completas, e não apenas simples máscaras. Prostitutas compareciam, podendo trabalhar a caráter e se divertir com grã-finos. Fossem de gênero ou de classe, as barreiras, nessas noites de folia, caíam no esquecimento. Curiosa preferência se nota, entre os travestis mais comuns, por fantasias inspiradas na indumentária católica; homens em hábitos de freira, mulheres em trajes de cardeal, que dançavam nos salões lado a lado com diabos e bruxas. O modismo cresceu tanto, sobretudo por suas grandes vantagens para a liberação de mulheres e homossexuais, que já em 1721, quando ainda começava a explodir, saiu em Londres um panfleto anônimo contra as "consequências perniciosas" das *masquerades* públicas. O travestismo era aí denunciado, de modo explícito e iracundo, como uma ofensa corrosiva à moral; disfarçar-se com roupas de outro sexo certamente induziria à depravação pura e simples. Ou, como o texto ameaçava: "Essas escapadas de libertinos em breve metamorfosearão o reino numa Sodoma de indecências".

    Para os costumes de outrora, entretanto, não havia indecência em continuar a travestir criancinhas. Caso notório é o do poeta Rainer Maria Rilke, que ao nascer em Praga, em 4 de dezembro de 1875, foi registrado pelos pais com o espaçoso nome de um nobre que ele a rigor não era: René Karl Wilhelm Johann Josef Maria (em português, Renato Carlos Guilherme João José Maria). Cinco nomes próprios de homem, seguidos pelo nome de mulher que é uma das chaves do enigma. A outra é aquele nome francês, René, que o poeta mudou, depois de adulto, para Rainer; soa quase como a forma feminina, Renée, e o particípio *renée*, ou renascida. Os pais, dizendo apenas o primeiro e o último dos seis nomes em série, diriam pois que a criança era René Maria, ou Maria renascida.

Com o nome santificado de Maria, tempos antes, a devota mãe de Rilke havia tido uma filha, que morreu em poucas semanas. O segundo foi o poeta, que veio preencher o vazio e acabou por ser filho único. Exposto à ambiguidade, ao peso e às associações de seu nome desde a pia batismal, René Maria, vestido com roupas de menina, brincando de boneca e treinado em boas maneiras, como menina foi criado até grande. Submeteu-o a mãe hiperativa, com razões sentimentais, para suprir eventuais carências, ou por mero capricho, a um processo de feminização planejada, decerto não tão dramático, mas no fundo semelhante ao que Choisy enfrentara, mais de um século e meio antes, por artimanhas supostamente políticas, sob Luís XIV.

LEONARDO FRÓES

DATAS

16 de agosto de 1644: François-Timoléon de Choisy nasce em Paris; seu pai, que morreria em 1660, Jean de Choisy, alto funcionário da família real, sempre a trabalho nas províncias, é um grande ausente na sua criação, entregue apenas à mãe. Em 21 de setembro de 1640, nascera seu amigo de infância, Filipe d'Orleans, o irmão de Luís XIV.

7 de junho de 1654: sagração de Luís XIV, ainda adolescente, declarado maior pelo parlamento, como rei da França. Responsável por sua educação e a do irmão, o cardeal Mazarin, principal ministro da regente Ana de Áustria, é quem de início o orienta.

1º de janeiro de 1663: aos 19 anos, François-Timoléon é nomeado abade de Saint-Seine, velho mosteiro beneditino perto de Lyon. No ano anterior, obtivera pensão de seis mil libras do arcebispado de Auch, na condição de clérigo da diocese de Paris. Em 27 de dezembro, morre uma das grandes correspondentes de sua mãe, para as quais, em criança, ele escrevia cartas ditadas: Cristina de França, duquesa da Savoia.

Final de 1666: Timoléon conclui o curso de teologia na Sorbonne. Sua escapada a Bordeaux, para participar de uma peça teatral, fazendo papel de moça, talvez tenha acontecido no verão deste ano.

15 de junho de 1669: enterro de Jeanne-Olympe de Choisy, a mãe. Em 16 de agosto, ao completar vinte e cinco anos, Timoléon, já antes emancipado pelos irmãos, chega à maioridade legal.

Março de 1670: com o nome de madame des Barres, compra o castelo de Crespon, nos arredores de Bourges. Aí transcorrem, em junho e julho, seus amores com mademoiselle de La Grise.

1673: no começo do verão, quando volta a se vestir de mulher, Choisy se instala no *faubourg* Saint-Marceau, onde assume a identidade de madame de Sancy. (Esta data e a anterior são as fixadas, a partir de indicações que os relatos como mulher propiciam, nas biografias de Dirk Van der Cruysse e de Geneviève Reynes. No texto anotado por Georges Mongrédien, que nossa tradução tomou por base, os dois episódios estão em ordem inversa, o que porém não dificulta segui-los).

1675: Choisy é nomeado prior da freguesia de Saint-Lô em Rouen.

Agosto de 1676: vai a Roma, com o cardeal de Bouillon, assessorando-o na eleição do novo papa, Inocêncio XI. Pouco antes, pode ter feito breve viagem à Inglaterra, em companhia de outro de seus grandes amigos, o abade (e marquês) de Dangeau.

26 de fevereiro de 1682: o abade de Dangeau toma posse na Academia Francesa. Choisy, de volta a Paris após longa temporada na Itália, publica em julho *História da guerra da Holanda*, de Primi Visconti, que traduziu do italiano e é seu primeiro trabalho literário.

3 de agosto de 1683: Choisy passa tão mal, enquanto visitava Dangeau, e o mal se agrava com tanta rapidez, que três dias depois, em 6 de agosto, ele recebe a extrema-unção. Curado e convertido, recolhe-se, no fim do ano, ao seminário das Missões Estrangeiras.

15 de junho de 1684: publicado em Paris o livro *Quatro diálogos*, em que Choisy se deixa convencer por Dangeau sobre as verdades do catolicismo. Em dezembro, anunciada a embaixada de Luís XIV ao Sião, Choisy envia um memorial ao rei, pedindo para ser nomeado coadjutor do embaixador.

3 de março de 1685: a embaixada ao Sião parte de Brest, a bordo de duas caravelas, o *Oiseau* e a *Maligne*, que só em 18 de junho de 1686 retornarão ao porto de partida.

2 de maio de 1687: é lançado em Paris o *Diário da viagem ao Sião*. Em julho, Choisy é eleito para a Academia Francesa. Em seguida, publica os primeiros dos muitos livros de religião ou de história que há de escrever seguidamente.

15 de outubro de 1693: Choisy é encarregado de revisar a epístola dedicatória ao rei e o prefácio do *Dicionário da Academia*, que em meados do ano seguinte será apresentado a Luís XIV.

13 de fevereiro de 1696: para acertar dívidas que tinha com as Missões Estrangeiras, Choisy se compromete por contrato a pagar à organização uma renda vitalícia de seiscentas e cinquenta libras.

12 de abril de 1697: eleição e posse do abade de Choisy como grão-deão do capítulo da catedral de Bayeux. Em junho, morre seu irmão mais velho, Jean-Paul, de quem ele é o único herdeiro.

6 de novembro de 1700: Choisy vende as terras, o castelo e a senhoria de Balleroy, os últimos dos muitos bens de família que, com a morte do irmão, vinha de herdar. Tudo que apurar com essa venda será dilapidado no jogo, como outros tantos bens tinham sido. Vive assediado de dívidas, das quais se livra como pode.

1º de setembro de 1715: morre Luís XIV. No dia 4 do mesmo mês, a condessa de Berry, obtendo o palácio do Luxembourg para sua residência, dele mandar expulsar todos que aí tinham apartamentos por concessão do rei, entre os quais Choisy, que o recebera da família.

1723: Choisy recebe na Academia o abade d'Olivet, a quem se atribui sua primeira biografia, *La vie de Monsieur l'abbé de Choisy de l'Académie Française*, livro publicado anonimamente em 1742 e por outros atribuído a Nicolas Lenglet du Fresnoy.

2 de outubro de 1724: François-Timoléon de Choisy, decano da Academia Francesa, morre em Paris. Suas primeiras publicações póstumas surgem em 1727. Em Rouen e Utrecht, saem várias edições das *Memórias para servir ao reino de Luís XIV*. Em Paris, é reeditada, em seus onze volumes, a *História da Igreja*.

BIBLIOGRAFIA UTILIZADA

CASTLE (Terry), *Masquerade and Civilization* – 'The Carnivalesque in Eighteenth-Century English Culture and Fiction'. Londres: Methuen, 1986.

CHOISY (abbé de), *Mémoires de l'abbé de Choisy – Mémoires pour servir à l'histoire de Louis XIV; Mémoires de l'abbé de Choisy habillé en femme*. Édition présentée et annotée par Georges Mongrédien. Paris: Mercure de France, 1966; 2ed. 2002.

────*Journal du voyage de Siam fait en 1685 et 1686*. Précédé d'une étude par Maurice Garçon. Paris: Duchartre et Van Buggenhoudt, 1930.

CRUYSSE (Dirk Van der), *L'abbé de Choisy, androgyne et mandarin*. Paris: Fayard, 1995.

GAUTIER (Théophile), *Mademoiselle de Maupin*. Chronologie et introduction par Geneviève van den Bogaert. Paris: Garnier-Flammarion, 1966; 2ed. 1973.

LA BRUYÈRE, *Les Caractères ou Les Moeurs de ce siècle*. Préface de Marcel Jouhandeau, édition d'Antoine Adam. Paris: Gallimard, 1975.

LEPPMANN (Wolfgang), *Rilke* – 'Sein Leben, seine Welt, sei Werk'. Berna/Munique: Scherz, 1981; 3ed. 1982.

Lettres édifiantes et curieuses de Chine par des missionaires jésuites, 1702-1776. Chronologie, introduction, notices et notes par Isabelle et Jean-Louis Vissière. Paris: Garnier-Flammarion, 1979.

ORS (Eugenio d'), *Du Baroque*. Version française [de *Lo Barroco*] de Mme. Agathe Rouart-Valéry. Introduction de Frédéric Dassas. Paris: Gallimard, 2000.

REYNES (Geneviève), *L'abbé de Choisy ou l'ingénu libertin*. Paris: Presses de la Renaissance, 1983.

SAULNIER (V.-L.), *La littérature française du siècle classique*. Paris: Presses Universitaires de France, 1967.

BIBLIOGRAFIA RESUMIDA DE CHOISY

Quatre Dialogues sur l'immortalité de l'âme, sur l'existence de Dieu, sur la Providence et sur la religion (par les abbés de Choisy et de Dangeau). Paris: Mabre-Cramoisy, 1684.

Interprétation des Psaumes avec la Vie de David. Paris: Mabre-Cramoisy, 1687.

La Vie de Salomon. Paris: Barbin, 1687.

Histoires de Philippe de Valois et du roi Jean. Paris: Barbin, 1688.

Histoire de Charles cinquième, roi de France. Paris: Dezallier, 1689.

La Vie de saint Louis. Paris: Barbin, 1689.

Histoire de Charles VI, roi de France. Paris: Coignard, 1695.

Histoire de l'Église. Tome premier, contenant les trois premiers siècles. Paris: Coignard, 1703. Os dez volumes seguintes foram saindo depois, com poucos anos de intervalo, até 1723.

La Vie de Madame de Miramion. Paris: Dezallier, 1706.

PUBLICAÇÕES PÓSTUMAS

Histoire de Madame la comtesse des Barres. Antuérpia: Van der Hey, 1735.

Histoire de Madame la comtesse des Barres, précedée de l'*Éloge de M. de Choisy* par M. d'Alembert. Paris: Collin, 1807.

Aventures de l'abbé de Choisy habillé en femme. Paris: J. Gay, 1862.

Mémoires de l'abbé de Choisy habillé en femme, avec notice et bibliographie par le chevalier de Percefleur. Paris: Bibliotèque des Curieux, 1920.

Inédits et belles pages de l'abbé de Choisy. Édition Jean Mélia. Paris: Émile-Paul frères, 1922.

Aventures de l'abbé de Choisy déguisé en femme. Paris: Les Oeuvres galantes, 1923.

Histoire de la contesse des Barres. Paris: Éditions des Quatre Vents, 1945.

Journal du voyage de Siam. Presenté et annoté par Dirk Van der Cruysse. Paris: Fayard, 1995.

AVIS RARA é o selo clássico da Editora Rocco. Clássico no sentido mais abrangente possível. No cânone de Avis Rara, cabem as obras em domínio público, obras consagradas como modelos de determinados estilos, obras recentes de autores cuja bibliografia completou-se, com sua morte, e portanto pode ser avaliada em sua totalidade, e até obras polêmicas, que, por seu conteúdo e forma, marcaram época.

O ditado latino que dá título à coleção, *avis rara, avis cara*, indica o espírito que a norteia.

Aqui estarão livros curiosos, insólitos, raros dentro do *corpus* da obra de um autor. Livros conhecidos, mas raramente publicados, ou reeditados com parcimônia.

Obras de inegável qualidade literária, enriquecidas pelo cuidado gráfico e editorial, ilustrações, prefácios, informações que possam facilitar a compreensão e o acesso à obra em questão.

AVIS RARA é uma coleção de divulgação. Por isso, ela não é para quem trata livros como objetos de arte sacralizada, e sim quem tem com livros e literatura intimidade de quem não pode deles prescindir.

PROJETO DE COLEÇÃO: VIVIAN WYLER

TRILOGIA DA PAIXÃO, tradução e ensaio por Leonardo Fróes
PERTURBAÇÃO, Thomas Bernhard, prefácio Bernardo Ajzenberg
O QUARTO DO BARBA-AZUL, Angela Carter, prefácio Vivian Wyler
O TRIUNFO DA VIDA, Shelley, tradução e ensaio por Leonardo Fróes
VIAGEM A FLORENÇA, Marco Lucchesi
CONTOS ORIENTAIS (Baseados em fontes da antiga Ásia), Leonardo Fróes
VASTO MAR DE SARGAÇO, Jean Rhys
GORDON, Edith Templeton
AS SETAS DO CUPIDO, Edith Templeton
MEMÓRIAS DO ABADE DE CHOISY VESTIDO DE MULHER, tradução e ensaio por Leonardo Fróes

Este livro foi impresso na Editora JPA Ltda.,
Av. Brasil, 10.600 – Rio de Janeiro – RJ,
para a Editora Rocco Ltda.